Liebe Leserinnen, Liebe Leser!

Der Fotograf ***Mike Schröder*** *ist in Hamburg zu Hause – für ihn ist es die schönste und fassettenreichste Stadt Deutschlands.*

Sprichwörtlich ist das Hamburger „Schmuddelwetter" – ein trister grauer Himmel, aus dem leichter Nieselregen fällt. Und in diese Stadt wollen Sie reisen? Lassen Sie sich vom Wetter keinesfalls abschrecken. Statistisch gesehen ist zwar tatsächlich jeder dritte Tag in der Hansestadt ein Regentag, doch andererseits hat Hamburg im Jahresmittel genauso viele Sonnenstunden wie München. Und selbst wenn es regnet, die Weltstadt Hamburg bietet rund um die Uhr eine lebendige Kulturszene und viel Abwechslung.

Das Hoch im Norden

Notfalls beginnen Sie Ihren Besuch in Hamburg mit der Besichtigung der Kunsthalle, jener großartigen Sammlung von den Alten Meistern bis zur Kunst der Gegenwart, oder im Museum für Kunst und Gewerbe mit schön Gestaltetem von der Antike bis zur Moderne. Auch beim anschließenden Shopping-Rundgang durch Hamburgs edle Passagen bleiben Sie vom Wetter völlig unbehelligt. Hier reihen sich noble Boutiquen aneinander, hier gibt es Kunstgalerien, unzählige Cafés und Bistros. Ganze Tage kann man in Hamburgs „Passagenwelt" verbringen, nach Herzenslust flanieren und dem Treiben um sich herum genüsslich zuschauen.

Cornelia Franz, *freie Autorin von Reise- und Kinderliteratur, ist gebürtige Hamburgerin. Die Arbeit an diesem Bildatlas hat sie ihre Stadt ganz neu erleben lassen.*

Hafen und Reeperbahn

Spätestens dann aber wünsche ich Ihnen doch ein paar Sonnenstrahlen. Denn was wäre ein Besuch in Hamburg ohne Hafenrundfahrt? Im zweitgrößten Hafen Europas sind immer eindrucksvolle „Pötte" zu bestaunen, hier bekommt man einen Eindruck davon, warum Hamburg oft als „Tor zur Welt" apostrophiert wird. Und abends? Um abendliche Unterhaltung muss sich in Hamburg niemand sorgen, Schauspielhaus, Thalia-Theater und Staatsoper sind nur einige der vielen renommierten Häuser, die mit Aufsehen erregenden Inszenierungen immer wieder auf sich aufmerksam machen. Zudem gilt Hamburg als Deutschlands Musical-Hauptstadt Nr. 1. Selbstverständlich muss danach ein Abend in Hamburg noch lange nicht enden, St. Pauli verwandelt sich zunehmend in ein schickes Ausgehviertel mit angesagten Clubs, Kneipen und Revuen.

Viel Vergnügen bei Ihren Hamburg-Entdeckungen
wünscht Ihnen

Birgit Borowski

Birgit Borowski
Programmleiterin HB Verlag

Hafenbesuch
Seite 34–45

Schiffe gucken ist fester Bestandteil des Hamburger Lebens – und für Besucher (fast) Pflichtprogramm.

Liebe geht durch den Magen
Seite 104–111

Für Essen und Trinken haben Hamburger schon immer gern gesorgt. Fisch gab es zu allen Zeiten, Obst gibt es bereits Jahrhunderte und den exotisch-delikaten Kaffee, seitdem Kaufleute seiner habhaft werden konnten.

Hamburg ist grün
Seite 92–103

Kaum eine andere Millionenstadt ist so grün. Parks, Gewässer und ländliches Umland bieten unzählige Erholungs- und Ausflugsmöglichkeiten.

Am Wasser gebaut
Seite 18–33

Der Zugang zum Wasser war Ursprung, Entfaltung und ist Zukunft der Hansestadt – auf schöne Weise versinnbildlicht durch die Alsterseen mitten in der Metropole.

MUNDSBURG
GER571

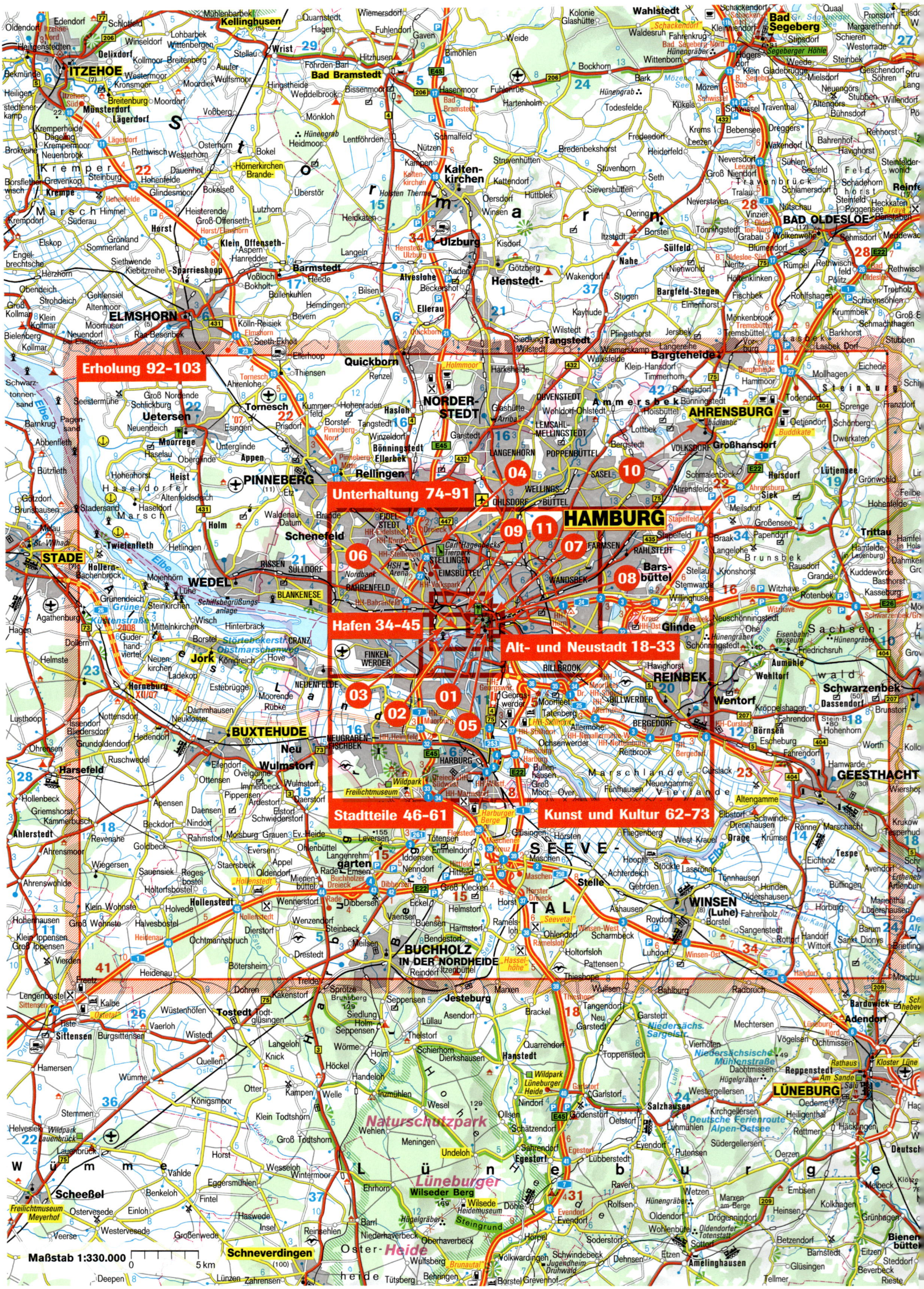

Erholung 92-103
Unterhaltung 74-91
Hafen 34-45
Alt- und Neustadt 18-33
Stadtteile 46-61
Kunst und Kultur 62-73
01
02
03
04
05
06
07
08
09
10
11
HAMBURG
ITZEHOE
ELMSHORN
Bad Bramstedt
Kaltenkirchen
Henstedt-Ulzburg
Bad Segeberg
BAD OLDESLOE
Quickborn
NORDERSTEDT
AHRENSBURG
Uetersen
PINNEBERG
Rellingen
Schenefeld
WEDEL
STADE
Jork
BUXTEHUDE
Neu Wulmstorf
REINBEK
Glinde
Barsbüttel
Wentorf
Schwarzenbek
GEESTHACHT
WINSEN (Luhe)
BUCHHOLZ IN DER NORDHEIDE
Seevetal
Jesteburg
LÜNEBURG
Tostedt
Schneverdingen
Naturschutzpark Lüneburger Heide
Wilseder Berg
Maßstab 1:330.000
0
5 km

DIE BESTEN TIPPS DER REDAKTION

ERLEBEN

01 Wahrzeichen „Michel“ 33
Wer kennt sie nicht, die St.-Michaelis-Kirche? Der neobarocke Bau ist eines der bedeutenden Hamburger Wahrzeichen. Von seinem Turm ergibt sich ein prachtvoller Rundumblick über die Stadt.

02 Per Schiff ins Tor zur Welt 43
Eine Hafenrundfahrt gehört zu einem Hamburg-Besuch einfach dazu. Hier erfährt man, wie ein Hafen von Weltrang arbeitet, tuckert an imposanten Ozeanriesen vorbei – und bekommt gratis allerlei launige Bemerkungen über Gott und die Welt.

03 Auf der Reeperbahn nachts … 87
Das Flaggschiff des Hamburger Amüsierbetriebs hat ein großes Herz. Und so wurden hier wie in den umliegenden „Kiez“-Straßen noch alle Erwartungen erfüllt. Auch wenn es keine schummrigen Erfahrungen sein sollen, einen Blick auf diese glitzernde Welt sollte man werfen.

04 Gehn wir mal zu Hagenbeck … 102
Sogar ins volkstümliche Liedgut hat es Hamburgs Zoo geschafft. Seinerzeit dank erstmals zaunlos wirkender Anlagen bewundert und nachgeahmt, ist Hagenbecks Tierpark nach jüngsten Erweiterungen eine Sehenswürdigkeit ersten Ranges.

KULTUR

05 Politisches Zentrum der Stadt 31
Der Neorenaissancebau des Hamburger Rathauses befriedigt Repräsentationsbedürfnis und Traditionsbewusstsein gleichermaßen und ist damit ein für den Stadtstaat des ausgehenden 19. Jahrhunderts charakteristischer Bau. Interessant diesbezüglich auch das Innere.

06 St.-Pauli-Landungsbrücken 44
Einst machten hier die Ozeanriesen fest, heute die Rundfahrtboote und Hafenfähren. Unübersehbar sind zwei museale Vertreter vergangener Seefahrtepochen – der Großsegler „Rickmer Rickmers“ und die „Cap San Diego“ für Stückgut.

07 Kunst über Jahrhunderte 72
Schon in der Architektur von Kunsthalle und Galerie der Moderne – von Neorenaissance bis innovativem Kubus – zeigt sich die Bandbreite, die den Besucher im Inneren dieser vielgestaltigen Kunsttempel erwartet.

08 Die „angewandte“ Kunst 72
Was ist Kunst, was Kommerz? Die Grenzen sind fließend, wie das Museum für Kunst und Gewerbe deutlich macht. Eine besondere Attraktion ist der traditionell gut besuchte Weihnachtsmarkt des Museums, auf dem nicht nur etwas für das Fest zu erwerben ist.

09 Irgendwann ist alles Geschichte 73
Von der „Hammaburg“ über den Piraten Störtebeker, Hamburg als jüdische Stadt und den Wiederaufbau nach den Bombennächten des Zweiten Weltkriegs – das Hamburg Museum gibt auf alle stadtgeschichtlichen Fragen Antwort.

10 Adlige Pracht 101
Hamburg war immer eine Bürgerstadt und innerhalb seiner Mauern für Adelssitze kein Platz – wenn auch manche Patriziervilla Schlosscharakter zeigt. Das Renaissanceschloss Ahrensburg östlich vor den Toren ist dagegen ein „echtes“ Schloss und ein wunderschönes dazu.

NATUR

11 „Pflanzen und Blumen“ 60
Einst ein Teil der westlichen Wallanlagen, hat sich „Planten un Blomen“ zu einer herrlichen Parkanlage mit mancher botanischen Besonderheit entwickelt, in der Hektik und Lärm der Großstadt ausgesperrt zu sein scheinen.

DIE SCHÖNE AM WASSER

Es gibt immer noch Leute, die glauben, Hamburg liege am Meer. Das stimmt natürlich nicht. Aber dennoch ist es das Wasser, das den besonderen Reiz der Stadt ausmacht. Die Elbe und die Außenalster, die vielen Kanäle und Fleete – und natürlich die Binnenalster mit dem Rathaus – begeistern rund ums Jahr die bald drei Millionen Gäste

DIE QUAL DER WAHL

Ob moderne Kunst oder Kitsch, Designermode oder Delikatessen: In den weitläufigen Passagen der Innenstadt wird jeder Wunsch erfüllt. Die Elbmetropole hat von jeher vom Handel gelebt, und der Einkaufsbummel gehört hier zum Lebensgefühl. Allein die City bietet dafür gut 8000 Geschäfte.

FREIZEITKAPITÄNE

Wer selbst Hand ans Ruder legen will, ist auf der Außenalster willkommen. Hier tummeln sich Segler, Kanuten, Ruderer und Tretbootfahrer. Und wer es gemütlicher mag, der lässt sich von einem „Dampfer“ der Weißen Flotte über den See schippern.

OSTERBEK
H

SCHRÄGES UND SCHÖNES

John Neumeier hat Hamburg als Ballettstadt zu Weltruhm verholfen. Aber auch Theater wie das Schauspielhaus und das Thalia machen immer wieder von sich reden. Und für Musicalfans gibt es hier ein Angebot, das von keiner anderen deutschen Stadt übertroffen wird.

GODIVA
POLIZEI

SPORTLICH, SPORTLICH

Die Weltelite der Triathleten kämpft sich im Sommer durchs kühle Alsterwasser. Seit Jahren versucht Hamburg, durch derartige internationale Ereignisse seinen Ruf als Sportstadt zu festigen. Von Radrennen über Marathon bis hin zu Eishockey und Boxen gibt es daher immer etwas zu schauen.

Die Metropole des Nordens

Italienisches Ambiente mitten im kühlen Norden? Hamburg hat's: venezianische Arkaden, Mailänder Passagen, Kolonnaden à la Bologna, einen florentinischen Palazzo. Und dazu Straßencafés mit Blick übers Wasser. Doch bei aller Leichtigkeit des Seins, auf ihren behäbigen Backstein haben die Hamburger nie ganz verzichtet. Beim expressionistischen Chilehaus, in den modernen Einkaufspassagen oder auf der neu bebauten Fleetinsel, überall begegnet man dem typischen roten Stein der Hanse.

Hamburgs Zentrum liegt an der Binnenalster

01 *Neorenaissance als Beachvolleyballkulisse: Hamburg Rathaus*

02 *Das Parlament des Hamburger Stadtstaates nennt sich Bürgerschaft*

04

SPECIAL Große Brände

Phoenix aus der Asche

Das Feuer vieler großer Brände hat das heutige Erscheinungsbild Hamburgs mitbestimmt. Der Blick nach vorn war immer ausschlaggebend beim Wiederaufbau. Mit den Zeugen der Vergangenheit wurde sich nicht lange aufgehalten.

Im Rathaus, nach dem Großen Brand von 1842 neu erbaut, erinnert der Phoenixsaal an Hamburgs Fähigkeit zum Wiederaufbau. Der Brand zerstörte damals einen Großteil der Stadt, das alte Rathaus musste zur Brandbekämpfung gesprengt werden. Und schon wenige Tage danach begann man mit der Planung der „Nachbrandarchitektur" – ein Begriff, der sogar Eingang in die Kunstgeschichte fand. Prägend für das italienisch anmutende Zentrum war der Architekt Alexis de Chateauneuf, der Rathausmarkt, Alsterarkaden und Alte Post entwarf.

Fast alle Spuren des Mittelalters wurden damals verwischt. Hamburg bekam ordentlich angelegte, breite Straßen mit gleichmäßiger Bebauung und ein Kanalisationsnetz. 100 Jahre später lag die Stadt erneut in Schutt und Asche. Im Zweiten Weltkrieg wurde die Hälfte der Stadt zerstört, ein weiteres Drittel der Häuser beschädigt. Am heftigsten wüteten die „Feuerstürme" Ende Juli 1943. Neben dem Zentrum kamen vor allem die Arbeiterviertel in Altona, Barmbek, Wandsbek und Hammerbrook zu Schaden, hier blieb kaum ein Haus stehen. Und die Altstadt, bis dahin eine lebendige Wohngegend, entwickelte sich durch den Wiederaufbau zu einer reinen Geschäftsstadt.

Der Fleethof steht für heutiges Bauen

Hamburg, das ist die schönste Stadt der Welt!" Wenn es um ihre Elbmetropole geht, werden die Hanseaten geradezu leidenschaftlich. Dann wird voller Stolz aufgezählt: die Elbe, der Hafen, die Alster, das viele Grün und die zahlreichen Kanäle, Fleete und Brücken. Und natürlich das Rathaus. Das ist besonders schön, weil es so alt aussieht und so repräsentativ. Für das prunkvolle Innere griffen die Bürger der Wilhelminischen Ära tief in die eigene Tasche. Konnten doch die Herren Senatoren damit deutlich machen, wer in der Hansestadt das Sagen hat. Der verschnörkelte Neorenaissancebau, Sitz des einzigen Feierabendparlaments in Deutschland, tröstet die Hamburger noch heute darüber hinweg, dass sie keine gotische Kathedrale, kein barockes Schloss oder fürstliches Palais besitzen. Hamburg war nie Residenzstadt, hier hielt immer nur der Handel Hof.

Und mit so richtig Altem kann man leider auch nicht aufwarten. Zu oft wurde die Stadt im Lauf der letzten Jahrhunderte zerstört, von Feuer, von Bomben und von der Abrissleidenschaft ihrer Bewohner. Selbst der mittelalterliche Dom, die älteste Kirche Hamburgs, wurde 1804 beseitigt. Das sparte den kühl rechnenden Hanseaten eine Menge Geld, die für die Sanierung nötig gewesen wäre.

03 *Mit Blick auf das Rathaus: Flanier- und Cafémeile Alsterarkaden*

04 *Bürgerlich ist nicht gleichbedeutend mit glanzlos: der Große Festsaal des Rathauses*

„Ab dem 12. Jahrhundert war ‚Hamburg Ziegel' das Baumaterial der Wahl."

01

02

SPECIAL Wasserbauten

Brücken und Fleete

Wasser bestimmt die Stadt – auch, wenn bei weitem nicht mehr so stark wie noch Mitte des 20. Jahrhunderts. Dass Hamburg die Stadt mit den meisten Brücken auf der Welt ist, verwundert nicht bei der Dominanz, die das Wasser hier hat. 230 „richtige" Brücken gibt es. Zählt man alle Stege und Übergänge mit, sind es sogar über 2400. Die älteste Steinbrücke ist die Zollernbrücke (1633) Ecke Ost-West-/Domstraße, die spektakulärste die Köhlbrandbrücke von 1974, die neueste der seit 2002 zur Speicherstadt führende Kibbelsteg. Die Fleete (niederdeutsch fleten = fließen) waren ursprünglich Mündungsarme von Alster und Bille in die Elbe oder Überlaufgräben des Alsterstausees. Sie bildeten ein Netz aus insgesamt 29 Wasserstraßen, die den Hafen mit den Speichern der Handelshäuser verbanden. Auch als Müllkippe und Fäkaliengrube genutzt, lag meist Fäulnisgestank über der Stadt. Da bis ins 19. Jahrhundert das Trinkwasser aus den Fleeten genommen wurde, drohten ständig Epidemien; ungenutzte Fleete wurden deshalb zugeschüttet. Heute sind in der Innenstadt noch fünf übrig geblieben: Herrengrabenfleet, Bleichenfleet, Nikolaifleet, Mönckedammfleet und Alsterfleet.

Italien an der Binnenalster

So strahlt denn auch die Innenstadt – der Bereich, den der einstige Wallring umschließt – vor allem Geschäftigkeit aus. Hier befindet sich die Börse, hier sind die großen Kaufhäuser und Einkaufspassagen, die teuren Läden am Jungfernstieg und am Neuen Wall zu finden. Und wo das Geld sitzt, da legt man Wert auf zurückhaltende Eleganz. Der Blick über die Binnenalster, die weißen, nach venezianischem Vorbild gestalteten Bögen der Alsterarkaden, die Straßencafés bei der florentinisch anmutenden Alten Post – wirklich schöne Bilder. Manch ein Besucher wirft hier sein Vorurteil von der nüchternen Hansestadt über Bord, sprich ins Alsterfleet.

Und die Hamburger geben sich alle Mühe, ihrer „italienischen" Innenstadt gerecht zu werden: Sie sitzen draußen, auf einer der behördlich anerkannten „Sommerterrassen" der City. Sobald die Temperaturen geringfügig über dem Nullpunkt liegen, werden die Stühle rausgestellt und der Cappuccino im Freien getrunken. Zur Not stellt man eben einen Gasofen unter die Regen-, pardon, Sonnenschirme. Und wenn das Wetter so gar nicht mitspielen will, bleiben immer noch die Passagen, wo man im Trockenen flanieren kann. Hamburg hat mittlerweile Mailand den Rang als europäische Passagenhauptstadt abgelaufen.

Immer mehr Shopping

Die jüngste Shoppingmeile, die großzügig überdachte Europa-Passage am Ballindamm, schafft eine Verbindung zwischen den Einkaufszonen des Jungfernstiegs und der Mönckebergstraße. Dafür hat sich das traditionelle Bild an der Binnenalster verändert. Noch mehr Shopping in der City? Wieder einmal Abriss um des Geldes willen? Die Kritiker sehen sich in der Tradition Alfred Lichtwarks, des ersten Direktors der Hamburger Kunsthalle, der über Hamburg als „Freie und Abrissstadt" spottete. „Wenn Sie keinen Sinn für das Schöne haben, verlassen Sie bitte unser herrliches Rathaus und ziehen Sie in einen Blechcontainer!", wurde Bürgermeister Ole von Beust von Volkes Stimme aufgefordert. Aber auch Denkmalschützer warnten davor, an dem gewachsenen Ensemble zu rühren, nur um ein weiteres Einkaufszentrum zu schaffen. Immerhin, die Proteste haben ein Umdenken bewirkt: Die neue Passage wurde in bescheidenerem Ausmaß realisiert.

Die City erwacht nur langsam

Afterworkclubs und Happy Hour haben es möglich gemacht: Hamburgs Innenstadt ist endlich mehr als nur Geschäfts- und Einkaufszone. Banker und Speditionskaufleute lassen neuerdings ihr Pfeffersack-

01 *An Deichstraße und Nikolaifleet blieb ein Stückchen Alt-Hamburg erhalten*

02 *Neuer City-Treffpunkt ist die Fleetinsel am Herrengrabenfleet*

01 *Zum Afterwork-Drink zieht es manchen ins „Café Paris"*
02 *St. Katharinen ist das Zentrum der Alt-Hamburger Inseln Cremon und Grimm*

03 *Diese „Kunst am Bau" des Levantehauses an der Mönckebergstraße zog einige Blicke auf sich*
04 *Architektonisches Flaggschiff: Chilehaus im Kontorhausviertel*

image im Kontor und nehmen ihre Drinks da, wo sie auch arbeiten: in der City. Die alte Schlachterei von 1882, beim Rathaus um die Ecke, hat sich zum eleganten „Café Paris“ gemausert, in der Passage des expressionistischen Chilehauses trifft man sich im „Sausolitos“, und auch der Alsterpavillon ist wieder salonfähig geworden. Er nennt sich jetzt „Alex“ und hat sich zum Szenebistro gemausert, in dem man auf 1000 Terrassenplätzen immer noch einen Kaffee trinken kann. Und sogar die Spitalerstraße, die nach 20 Uhr sonst wie ausgestorben wirkte, hat mit dem „Vivet“ jetzt ihre „Location“ – wenn auch nur bis 22 Uhr, eine Zeit, zu der in den anderen Stadtteilen das Leben erst so richtig losgeht.

Nein, das Zentrum des Hamburger Nachtlebens ist die City bestimmt nicht. Man muss schon wissen, wo es längs geht, um die richtigen Adressen zu finden: das Promilokal „Valentino's“ oder die Straßencafés vorm Steigenberger Hotel auf der Fleetinsel. Oder auch die Bars am eigentlich so seriösen Ballindamm: das „Ciu'“ und das „Café Wien“, wo man auf einer umgebauten Hafenschute den Blick über die Binnenalster hinüber zum Hotel „Vier Jahreszeiten“ genießt.

Ein wenig Altstadt gibt es noch

Aber auch die klassischen Sehenswürdigkeiten der City sind gut versteckt und nicht allzu zahlreich. Kaum ein Dutzend Bauwerke aus der Zeit vor 1800 blieb erhalten. Und das liegt nicht nur an der Abrisswut der Hanseaten. Schließlich wurden beim Großen Brand von 1842 zwei Drittel aller Häuser innerhalb des Stadtwalls zerstört. Das Feuer brach in der Deichstraße aus und wütete drei Tage lang. Doch ausgerechnet die Deichstraße mit ihren Fachwerkhäusern ist heute eines der wenigen historischen Ensembles der Stadt. Hier, am Nikolaifleet, und in der nahen Reimerstwiete ist das alte Hamburg noch erkennbar. Die Speicher an der Rückseite der

05 *Holsten ist Hamburg – festlicher Bierzug in der Innenstadt*
06 *Prunkstück von St. Jacobi ist die über 300 Jahre alte Arp-Schnitger-Orgel*

01

02

03

04

„Der Michel ist Hamburgs herausragendes Wahrzeichen – zumindest für einlaufende Schiffe."

01 *Den „Michel" umgeben spiegelnde Büropaläste*
02 *Der namengebende Erzengel Michael*
03 *Der riesige Kirchenraum ist auch Konzertsaal*
04 *Blick vom „Theater im Hafen" zum „Michel"*

01

02

03

SPECIAL Backstein

Hamburg baut rot

Neubauten sind in Hamburg nicht immer gleich als solche zu erkennen. Und das liegt am Backstein, der je nach Lichteinfall eine andere Wirkung hat. Bei tief stehender Sonne scheint er warm und lebendig, bei Schmuddelwetter eher düster.

Seit dem 12. Jahrhundert baute man in Norddeutschland in Ermangelung natürlicher Baumaterialien Bürgerhäuser, Speicher, Kirchen und Fabriken aus den wetterfesten roten Ziegeln. Nach dem Großen Brand 1842 wurden helle klassizistische Fassaden oder gelber Backstein Mode. In den 1920er-Jahren kam die Rückbesinnung, entstand mit dem Kontorhausviertel in der Altstadt ein neuer Backsteinstil: kühne Formen und kunstvolle Fassaden, wie etwa am Chilehaus oder am Sprinkenhof. Auch nach 1945 spielte der Ziegel eine prägende Rolle. Ganze Stadtviertel wurden aus Backstein errichtet. Und auch in den letzten Jahrzehnten behielt der rote Stein seine Bedeutung – so bei der Bebauung der Fleetinsel, an der Kehrwiederspitze oder am neuen Elbrand. Ausnahmen wie das Gruner+Jahr-Verlagshaus (1990) oder das bogenförmige Bürohaus am Berliner Tor (2002) fallen da besonders auf.

backsteinernen Kaufmannshäuser konnten vom Fleet aus beladen werden. Da kamen die Güter aus aller Welt an – noch heute gibt es in der Deichstraße einen Laden mit „Kolonialwaren". Vom Rathaus sind diese historischen Straßen nicht weiter entfernt als der Hauptbahnhof. Dennoch liegen sie im Bewusstsein der Hamburger „ab vom Schuss". Dafür hat in den 1950er-Jahren der Bau der sechsspurigen Ost-West-Straße gesorgt, die – ohne Sinn für Ästhetik – die Innenstadt durchschneidet.

Viel Neues in der Neustadt

Auch Hamburgs bekannteste Kirche, der „Michel", liegt an dieser ungeliebten „Autobahn" – die zwar seit Jahren schon Ludwig-Erhard-Straße heißt, für die Hamburger aber immer die Ost-West-Straße geblieben ist. Man muss schon gute Ohren und viel Muße haben, um in dem Verkehrsgetöse die zarten Trompetenklänge zu hören, die vom Michel herunterschallen. Zweimal am Tag, um 10 Uhr morgens und um 21 Uhr abends, sonntags auch um 12 Uhr, steht dort oben der Turmbläser und spielt seinen Choral. Für die Menschen in der Neustadt ist er eine Institution, auch wenn sie ihn wahrscheinlich nie zu Gesicht bekommen haben.

Aber jenseits dieser 300 Jahre alten Tradition hat auch die Neustadt – mit immerhin mehr als 400 Jahren auch nicht mehr die Jüngste – nicht viel Altes zu bieten. Die meisten Häuser entstanden nach dem Zweiten Weltkrieg, bis in die 1990er-Jahre wurden brachliegende Flächen bebaut. Dabei erhielt die Fleetinsel zwischen Herrengraben und Alsterfleet eine fast völlig neue Gestaltung. Stadtbaudirektor Fritz Schumacher, der nach 1909 für das Comeback des Backsteins verantwortlich zeichnete, wäre angesichts der neuen klinkerroten Großzügigkeit zufrieden.

Übrigens ist der Fleetmarkt inmitten der Insel einer der ältesten Plätze der Stadt – aber er gehört ihr nicht mehr. Als einer der ersten öffentlichen Räume Deutschlands wurde er, ähnlich dem Potsdamer Platz in Berlin, privatisiert. Das heißt, in bewährter pfeffersäckischer Manier, zu Geld gemacht. In anderen Stadtteilen Hamburgs hätte das zu Protest geführt. Hier, in der Innenstadt, wo Büros, Banken und Business den Alltag bestimmen, ist das gar nicht weiter aufgefallen.

01 *„Michel" und Gruner+Jahr Verlag*
02 *Repräsentanten modernen Bauens sind das „Side Hotel" mit seinen Lichtinstallationen …*
03 *… und der preisgekrönte „Berliner Bogen"*

Außen-alster
Binnenalster
Alle Straßen zwischen Großer Burstah und Mönckebergstr. (incl.), Wallringtunnel, Lombardsbrücke, Gorch-Fock-Wall, Caffamacherreihe und Stadthausbrücke (excl.) sind für LKW über 6t zul. Gesamtgewicht werktags von 10-18h gesperrt.
Rathausmkt.: 601-606 640 641
Kennedy-brücke
Lombards-brücke
An der Alster
Alsterglacis
Esplanade
Stephanspl.
Alter Botanischer Garten
Gorch-Fock-Wall
Kleine Wall-anlagen
Große Wall-anlagen
Gänsemarkt
Jungfernstg.
Hbf.-Nord
Hauptbhf.
R10,20,30 R40,50,60
Mönckebergstr.
Mönckeberg
Rathaus markt
Rathaus
Börse
Steinstr.
Meßbg.
Stadthsbr.
Rödingsmarkt
NEUSTADT
ALTSTADT
Ludwig-Erhard-Str.
Willy-Brandt-Str.
Dovenfleet
Bei den Mühren
Brooktor-kai
Holstenwall
Glacischaussee
Feldstr.
Messehallen
Sieveking-platz
Kaiser-Wilhelm-Str.
Neuer Wall
Große Bleichen
Jungfernstieg
Ballindamm
Steintordamm
Glockengießerwall
Speersort
Domplatz
Burchardplatz
Hopfenmarkt
Katharinen
Kajen
Baumwall
Ost-West-Str.
01 02 03 04 05 06 07 08 09 10 11 12 13 14 15 16 17 18 19
Maßstab 1:10.000
150 m

Hamburgs Zentrum

Innerhalb des vom alten Wallring und Hafen gebildeten Rondeels liegt Hamburgs historisches Zentrum. Hier sind auch die meisten Sehenswürdigkeiten zu finden, hier hat die Landesregierung ihren Sitz – Hamburg ist als Stadtstaat schließlich ein eigenes Bundesland. Und hier konzentriert sich, was auch wirtschaftlich etwas zu sagen hat in der Hansestadt.

UM DIE BINNENALSTER

Die 18 ha große Binnenalster 01 wird durch die Kennedy- und die Lombardsbrücke von der Außenalster getrennt. Sie entstand beim Bau der die Alt- und Neustadt umfassenden „modernen" Befestigungen (1616 bis 1628), die Hamburg zu einer der stärksten Festungen Europas machten. Das Westufer dominiert das 1897 gegründete Luxushotel „Vier Jahreszeiten".

SEHENSWERT Der **Jungfernstieg 05**, das Südufer, ist eine der ältesten Straßen Hamburgs und war ursprünglich ein Staudamm zum Betrieb einer Mühle. Seinen Namen erhielt er im 17. Jh., weil die Damenwelt hier gern promenierte. Heute ist der Jungfernstieg mit den Querstraßen Neuer Wall und Große Bleichen luxuriöse Einkaufsmeile. Um seinen Boulevardcharakter wieder stärker deutlich zu machen, wurde er zur Alsterseite hin umgebaut. Nördlich schließen sich die **Colonnaden 02** von 1878 mit ihrem Arkadengang an; die Fassadenpracht der Flanierstraße gibt das bürgerliche Selbstbewusstsein der Gründerzeit wieder. Der nahe **Gänsemarkt 03**, aus sieben Richtungen erreichbar, ist einer der zentralen Plätze der Innenstadt; auf ihm wurden im 17. Jh. die Gänse zusammen- und anschließend durch das Dammtor auf die Weide getrieben. Das 1881 erbaute Lessingdenkmal erinnert daran, dass am Gänsemarkt das Nationaltheater stand, in dem Gotthold Ephraim Lessing als Dramaturg und Kritiker gearbeitet hatte (1767–1769). Durch elegante Einkaufspassagen wie die Gerhofpassage und das **Hanseviertel 04** gelangt man zum Rathausmarkt.

AM RATHAUS

Das Stadtzentrum mit Rathaus und Rathausmarkt wurde im Großen Brand von 1842, durch den 20 % der Bevölkerung obdachlos wurden, fast völlig zerstört. Maßgeblicher Gestalter des Wiederaufbaus zwischen Deichstraße und der Straße Brandsende wurde der aus einer französischen Emigrantenfamilie stammende Hamburger Architekt Alexis de Chateauneuf (1799–1853).

RATHAUS Rund 40 Jahre hat es gedauert, bis man sich auf ein Konzept einigen konnte: Erst 1897 wurde der sechste Rathausbau Hamburgs **08 TOPZIEL**, von Martin Haller und weiteren sechs Hamburger Architekten entworfen, eingeweiht. Er ruht auf über 4000 in den einst sumpfigen Untergrund getriebenen Eichenpfählen. Die reich verzierte **Fassade** wird, ganz unhanseatisch, von 20 Kaiserstatuen geschmückt und von einem 122 m hohen Turm in der Mitte geteilt. Im prunkvollen Inneren befinden sich 647 Räume – sechs mehr als im Buckingham-Palast. Einer davon ist der **Saal der Hamburger Bürgerschaft:** Das Feierabendparlament des Stadtstaates aus 121 Abgeordneten tritt alle 14 Tage Mi. bzw. Mi. und Do. jeweils ab 17.00 Uhr zusammen; die Sitzungen sind öffentlich (Eintrittskarten bei der Senatskanzlei, Tel. 428312009; Führungen alle 30 Min. Mo.–Do. 10.00–15.00, Fr.–So. 10.00–13.00 Uhr, Anmeldung für größere Gruppen Tel. 428312064. Info-Tel. wegen eventueller Schließungen 428312470). Der von Gottfried Semper und Chateauneuf gestaltete **Rathausmarkt,** „Kern des Kunstwerks Hamburg" (Fritz Schumacher), erinnert an große italienische Renaissanceplätze – wenn er nicht gerade durch Veranstaltungen wie das „Alstervergnügen" oder den Weihnachtsmarkt zum Rummelplatz wird. Am südlichen Ende steht seit 1982 das **Heinrich-Heine-Denkmal** von W. Otto. An der Rückseite des Rathauses am Adolphsplatz befindet sich die **Börse** (1839 bis 1841), eines der wenigen Gebäude, das 1842 nicht abgebrannt ist bzw. zur Schaffung von Brandschneisen gesprengt wurde. Ein Parketthandel findet im Computerzeitalter hier nicht mehr statt.

UMGEBUNG Am Bleichenfleet ragt der Eckturm der **Alten Post 06** empor. Das nach Plänen von Chateauneuf errichtete Gebäude (1845 bis 1847) schafft es, toskanische Renaissance-Elemente mit nordischer Spätgotik zu vereinigen. Bis 1971 wurde der Bau entkernt und birgt heute Büros und eine Ladenpassage hinter seiner Fassade. Auf dem Weg vom Rathaus Richtung Jungfernstieg ziehen sich die **Alsterarkaden 07** am Alsterfleet entlang. Sie wurden ebenfalls von Chateauneuf nach venezianischem Vorbild entworfen (1844–1846) und beherbergen heute edle Geschäfte und Cafés. Ein modernes Pendant aus Stahl und Glas verläuft in die Gegenrichtung.

Tipp

Die Rathauspassage

Sozialarbeit im Untergrund: Mit Hilfe des Diakonischen Werks hat sich in dem ehemals verwahrlosten Zugang zum S-Bahnhof Jungfernstieg ein Projekt zur Eingliederung von Langzeitarbeitslosen in den Arbeitsmarkt etabliert. Mit viel Engagement entstand in der Passage ein lebendiges Forum: ein Bistro mit integriertem Buchantiquariat, ein Kiosk, ein Secondhandladen, eine Außenstelle der Tourist-Information sowie ein Stand der Kirchen. Vor allem bei schlechtem Wetter ein praktischer Ruhepunkt für eine Kaffeepause.

MÖNCKEBERGSTRASSE

Der 30 m breite Einkaufsboulevard 10 wurde 1908–1911 als Verbindung zwischen Rathaus und Hauptbahnhof durch das ehem. Gängeviertel gebaut und entwickelte sich mit seinen Kontorhäusern und Ladenetagen schnell zum Herzstück der Geschäftsstadt. Benannt ist er nach Bürgermeister J. G. Mönckeberg (1839–1908), der den Bau vorantrieb und dem auch der Mönckebergbrunnen (1913, Skulpturen bis 1926) gewidmet ist.

SEHENSWERT Da erstmals in Hamburg eine Kunstkommission den Entwurf der Häuser beeinflusste, entstanden einige sehenswerte Bauten, u.a. das **Hammoniahaus** (Nr. 5), das **Levantehaus** (Nr. 7) und der **Barkhof** (Nr. 8–12) – es lohnt, einmal den Blick von den Schaufenstern fort auf die Fassaden zu lenken. Aus einem ehemaligen Pferdemarkt wurde der **Gerhart-Hauptmann-Platz,** von wo es nur ein paar Schritte zum 1843 gegründeten **Thalia-Theater** (1911/1912, s. S. 71) sind. Es fallen zwei Kirchen auf. Die **Hauptkirche St. Petri 09** mit dem spitzen Grünspanturm ist das älteste Gotteshaus der Stadt, geht vermutlich auf eine von Karl dem Großen

Nachklang barocker Zeiten: Haus Klingberg 1

810 oder 811 errichtete Taufkirche zurück. Nach dem Großen Brand von 1842 wurde das Gotteshaus aus dem 14./15. Jh. wieder aufgebaut. Benachbart erinnert das **Hulbehaus** (Neorenaissance, 1911) an den „Hamburger Heimatstil". Die **Hauptkirche St. Jacobi** 11 (ab 1340, südl. Seitenschiff um 1500) fiel dem Zweiten Weltkrieg zum Opfer, wurde aber bis 1963 rekonstruiert. Ihre Hauptattraktionen sind der Lukas-Altar (um 1500) und die 1993 restaurierte Arp-Schnitger-Orgel (1689–1693), größte und auch bedeutendste erhaltene Orgel dieses Orgelbaumeisters.

KONTORHAUSVIERTEL Südl. der Jacobikirche liegt rund um den **Burchardplatz** das Kontorhausviertel. Es entstand in den 1920er- und 1930er-Jahren nach Abriss des Gängeviertels. Extrem dichte Bebauung mit engsten Gassen, durch die kein Fuhrwerk passte, war für dieses Elendsquartier bezeichnend; zuletzt hatte 1892 die Cholera hier Tausende von Todesopfern gefordert. Robert Koch, als Berater in Seuchenfragen nach Hamburg gerufen, zeigte sich erschüttert über sanitäre Zustände, wie er sie selbst im Orient nicht angetroffen hätte. Das unübersichtliche, hafennahe Viertel zwischen Spitalerstraße und Meßberg war Hochburg der organisierten (Hafen-) Arbeiterschaft und somit den herrschenden Großbürgern ungelegen – und vor allem von den Nazis wurde ein Abriss betrieben. Auf dem Gelände entstand das erste geplante Büroviertel der Hansestadt – ein Triumph des verschiedenfarbigen Backsteins, der sich hier für ausdrucksstarke Fassaden bewährte. Berühmt wurde das an einen gewaltigen Schiffsrumpf erinnernde **Chilehaus** 12 (1922–1924) von Fritz Höger; das größte Kontorhaus ist der benachbarte **Sprinkenhof** (1927 bis1943; Höger und Gerson) mit seiner netzwerkähnlich geschmückten Fassade, südlicher Abschluss der **Meßberghof** (1923–1925). Als interessanter Kontrast steht am **Klingberg** (Nr. 1) die 1907 im Stil barocker Hamburger Bürgerhäuser errichtete Polizeiwache.

ALTSTADT

Als Altstadt wird heute der Bereich zwischen Binnenalster, Hauptbahnhof, Speicherstadt und Herrengraben-/Bleichenfleet bezeichnet. Sie schließt auch die Ende des 12. Jh. von Adolf III. von Schauenburg in Konkurrenz zur erzbischöflichen Stadt gegründete „gräfliche Neustadt" um St. Nikolai ein. Am beide trennenden Nikolaifleet hat der Hamburger Hafen seinen Ursprung; hier mündete das Flüsschen Bille in die Alster, die ihrerseits wieder der Elbe zufloss. Möglich wurde die Hafengründung durch einen Freibrief Kaiser Friedrichs I. Barbarossa vom 7. Mai 1189. Der Brief war eine Fälschung – was die Stadt jedoch nicht daran hindert, alljährlich im Mai den Hafengeburtstag zu feiern.

SEHENSWERT In der **Deichstraße** 15 begann 1842 der Große Brand, und doch sind in diesem Sträßchen dank eines rührigen Vereins noch schöne Fassaden aus dem 17. und 18 Jh. erhalten. Die Kneipe „Zum Brandanfang" gilt als älteste Schankwirtschaft Hamburgs. Auch im parallel verlaufenden **Cremon** und in der **Reimerstwiete** sind noch alte Fachwerkhäuser zu sehen.

145 Meter hohes Mahnmal: St. Nikolai

Die **Kirche St. Katharinen** 13, im 13. Jh. gegründet, hatte um 1450 ihre heutige Größe erreicht. Sie musste nach 1945 fast völlig neu errichtet werden.
Jenseits des Nikolaifleets reckt sich an der Ost-West-Straße ein schwärzlicher Kirchturm in die Höhe, das **Mahnmal St. Nikolai** 14. Eine erste Kapelle stand hier schon 1195; aus ihr wurde in den folgenden Jahrhunderten eine große dreischiffige Hallenkirche. Auch sie fiel dem Bombenhagel zum Opfer. Nur der Turm blieb, und man beschloss, den immer noch dritthöchsten Kirchturm Deutschlands als Mahnmal für den Frieden stehen zu lassen. Im Keller der Ruine ist ein Dokumentationszentrum eingerichtet, das durch eine gläserne Pyramide betreten wird (Mo.–Fr. 10.00 bis 17.00, Sa. und So. 11.00–16.00 Uhr). Nebenan führt die **Trostbrücke** über das Nikolaifleet; sie war einst die erste Verbindung zwischen Alt- und Neustadt. Flankiert wird sie von den Kontorhäusern **Laeiszhof** (1898) des Reeders Ferdinand Laeisz und **Globushof** (1907), auf dessen Dach zwei Koggen glänzen, und der **Patriotischen Gesellschaft** (1844–1847), die gotisierend restauratives Gedankengut spiegelt. Seit 1883 erinnern Brückenfiguren an Ansgar, den „Apostel des Nordens", und an den schauenburgischen Stadtgründer.

NEUSTADT

Die Stadterweiterung im 17. Jh. machte das bislang westl. der alten Befestigungsanlagen (deren ungefährer Verlauf heute durch den Neuen Wall bzw. die Admiralitätstraße gekennzeichnet ist) gelegene Siedlungsgebiet zum Teil der inneren Stadt. Militärische Erwägungen gaben dabei den Ausschlag, denn die 30 m hohe Anhöhe um die Kirche St. Michaelis sollte integriert werden, um eine Beschießung Hamburgs von dort auszuschließen. Zu Beginn des 19. Jh. waren die Befestigungen militärtechnisch überholt und wurden teilweise in Grünanlagen umgewandelt (Alter Botanischer Garten, Wallanlagen, Elbpark). Die Neustadt war immer Wohngebiet ärmerer Leute; auch hier entstanden berüchtigte, im 19. und 20. Jh. sanierte Gängeviertel mit entsprechenden sozialen Folgen. Im Gegensatz zur Altstadt blieb die Neustadt bis heute auch Wohngebiet.

SEHENSWERT Mittelpunkt der Neustadt ist der **Großneumarkt** 18. Urspr. diente die von Johan van Valckenburgh angelegte Freifläche als Alarm- und Aufmarschplatz; der tempelartige Brunnen in seiner Mitte wurde 1704 errichtet. Heute wird hier Mi. und Sa. ein Wochenmarkt abgehalten. Der Platz ist durch die zahlreichen umliegenden Restaurants und Kneipen – rund 30 an

Tipp

Hamburg mal anders

Trauen Sie sich nicht alleine in eine schummerige Kiezkneipe? Soll es lieber quer durch die Innenstadt zu „Kaufmannsstolz und Katastrophen“ gehen oder auf den Spuren von Hans Albers durch St. Pauli? „Stattreisen“ und „St. Pauli Landgang“ helfen weiter. Geboten werden thematische Rundgänge oder Fahrradtouren etwa durch die Speicherstadt, das Kontorhausviertel oder St. Pauli bei Tag und bei Nacht.

Stattreisen Hamburg, Kuhberg 2, 20459 Hamburg, Tel. 4303481, Fax 4307429, www. stattreisen-hamburg.de
St. Pauli Landgang, Mediadeck/Rödingsmarkt 14, 20459 Hamburg, Tel. 31794934, Fax 3193856, www.stpauli-landgang.de

der Zahl – vor allem abends ein beliebter Treffpunkt. Auch der „Cotton Club“, ein legendäres Jazzlokal, liegt in der Nähe (Alter Steinweg 10). In der **Peterstraße** 19 wurden zwischen 1966 und 1982 mit Geldern der Toepfer-Stiftung um das renovierte **Beylingstift** von 1751 Nachbauten großbürgerlicher Stadthäuser aus anderen Stadtteilen zu einem Gesamtbild zusammengefügt. Historisch hat ein solches Ensemble nie existiert. Das Haus Nr. 39 beherbergt eine Gedenkstätte für den in Hamburg geborenen Komponisten Johannes Brahms (1833–1897; s. S. 71), Nr. 36 die **Niederdeutsche Bibliothek** (Mi. und Do. 11.00 bis 19.00 Uhr). An das Gängeviertel erinnert Restbebauung aus dem 18. und 19. Jh. im **Bäckerbreitergang**.

FLEETINSEL Der **Fleethof** 16 am Übergang von Neustadt zur Altstadt war über Jahre städtebaulich heftig umstritten. Die alte Bebauung (ab 18. Jh.) der Fleetinsel zwischen Stadthausbrücke und Baumwall am Hafen mit Speichern und Kontorhäusern wurde im Zweiten Weltkrieg zerstört; 1990 begann die Neubebauung. Mittlerweile hat sich der Platz vor dem „Steigenberger Hotel“ durch die umliegenden Restaurants zu einem neuen City-Treffpunkt entwickelt. Als südlicher Abschluss und Blickfang steht am Baumwall das **Slomanhaus** (1909 und 1922), an dessen Entwurf auch Fritz Höger mitwirkte. Stilistische Anleihen bei Schiffbau und Hafenarchitektur präsentiert das benachbarte Verlagsgebäude von Gruner + Jahr.
1911 wurde die Hamburger Hochbahn AG gegründet, u. a. um die neuen Wohnviertel in Eimsbüttel, Barmbek oder Rothenburgsort mit dem Hafenbereich und dem Kontorhausviertel zu verbinden. Am **Baumwall** und **Vorsetzen** ist ein bemerkenswerter Teil des stählernen Viadukts aus den Anfangszeiten zu sehen.

ST.-MICHAELIS-KIRCHE Der „Michel“ 17 **TOPZIEL** ist eines der bedeutenden Wahrzeichen Hamburgs. Der erste Kirchenbau aus dem 17. Jh. fiel 1750 einem Blitzeinschlag zum Opfer. Bis 1762 wurde nach Plänen von Ernst Georg Sonnin und Johann Leonhard Prey ein gewaltiger Saalbau in Form eines griechischen Kreuzes errichtet. 1906 erneut bis auf die Außenmauern abgebrannt, konnte er dank Spenden aus der Bevölkerung nach den Originalplänen wieder aufgebaut werden. Das Gewölbe über dem hellen barocken Innenraum ruht auf vier Pfeilern und ermöglicht so von allen 2500 Sitzplätzen aus einen freien Blick auf die marmorne Kanzel. Sehenswert sind außerdem der 20 m hohe Marmoraltar, der barocke Opferstock von 1763 sowie die Steinmeyer-Orgel, mit 6665 Pfeifen die größte in Hamburg. Spektakulär ist der Blick von der 82 m hoch gelegenen Aussichtsplattform (Turmbesteigung Mo.–Sa. 10.00–18.00 Uhr). Dort bläst der Trompeter (tgl. 10.00 und 21.00 Uhr). Auf dem zweiten Turmboden wird eine Multivisionsschau zur Hamburger Geschichte geboten (Do.–Sa. halbstündl. 12.30–16.00 Uhr). Die momentane Renovierungsphase wird noch mehrere Jahre dauern und deutlich über 10 Mio. Euro kosten.

Blick ins alte Hamburg: Krameramtsstuben

Die **Krameramtsstuben** wurden Mitte des 17. Jh. zu Füßen des „Michel“ als Wohnungen für arbeits-unfähige Kramer, also kleine Kaufleute und Detailhändler, und deren Witwen gebaut. Kaum anderswo bekommt man einen besseren Eindruck vom alten Hamburg als in dieser versteckt liegenden Gasse. Eine Besonderheit sind die spiralförmigen Schornsteine, die den Funkenflug in dem dicht besiedelten Gebiet verminderten. Das Museum in der Kramer-Witwen-Wohnung gibt einen kleinen Einblick in den damaligen Alltag (Di.–So. 10.00–17.00 Uhr).

Nicht versäumen!

KULTUR

Politisches Zentrum der Stadt
Der Neorenaissancebau des Hamburger Rathauses befriedigt Repräsentationsbedürfnis und Traditionsbewusstsein gleichermaßen und ist damit ein für den Stadtstaat des ausgehenden 19. Jahrhunderts charakteristischer Bau. Interessant diesbezüglich auch das Innere.

TOPZIEL Siehe Nr. 08

KULTUR

Schreibtisch einer Hansestadt
In den 1920er-Jahren zog die Moderne in die bislang konservativen kaufmännischen Verwaltungen ein. Äußerlich dokumentierte sich das in den seinerzeit innovativen Bauten des Kontorhausviertels mit dem Chilehaus als Flaggschiff.

Siehe Nr. 12

KULTUR

Mittelalterlicher Baustil
Die Deichstraße blieb unrühmlich in Erinnerung, brach hier doch 1842 der Große Brand aus. Heute lassen sich hier noch die letzten Kaufmannshäuser anschauen – zur Straße repräsentative Fassaden, am Fleet den Speicher.

Siehe Nr. 15

KULTUR

Besuch in der Vergangenheit
In der Peterstraße ist eine Hamburger „Traditionsinsel“ zu finden. Restaurierte und rekonstruierte Bauten lassen erahnen, wie es in Hamburgs großbürgerlichen Straßen vor rund 250 Jahren einmal ausgesehen hat.

Siehe Nr. 19

ERLEBEN

Wahrzeichen „Michel“
Wer kennt sie nicht, die St.-Michaelis-Kirche? Der neobarocke Bau ist eines der bedeutenden Hamburger Wahrzeichen. Von seinem Turm ergibt sich ein prachtvoller Rundumblick über die Stadt.

TOPZIEL Siehe Nr. 17

MH"W
Штандартъ
Санктъ-Петербургъ

Deutschlands Tor zur Welt

Der Hafen verändert sich, das Fernweh bleibt. Windjammer und Stückgutfrachter ankern nur noch als Museumsschiffe im Hafen. Aus Kaianlagen sind Hightech-Terminals geworden. In der alten Speicherstadt werden keine Bananen mehr gelagert, sondern Vernissagen eröffnet. Und dennoch weckt der große Strom immer noch die Abenteuerlust.

„Der Masten Wald …" – wenn die letzten Großsegler beim Hafengeburtstag einlaufen

MAXIM GORKIY

SPECIAL Container

Siegeszug der Kiste

1956 kam die erste genormte Stahlkiste im Hamburger Hafen an. Damals ahnte noch niemand, wie sehr der unansehnliche Behälter die Seefahrt und den Güterverkehr an Land verändern sollte.

Als der US-Fuhrunternehmer Malcolm McLean in den 1960er-Jahren Militärgerät nach Vietnam transportieren sollte, kam ihm eine Art überdimensionale Munitionskiste in den Sinn. Schnell erwiesen sich die Stahlkisten als außerordentlich praktisch – auch auf dem Rückweg, für den McLean Fracht aus Hongkong, Taiwan und Japan zu bekommen versuchte. Die einfache Verlademöglichkeit senkte drastisch die Transportkosten und bot den asiatischen Ländern die Chance, den Westen mit billigen Konsumgütern zu versorgen. Der Siegeszug des heute 20 oder 40 Fuß (6 bzw. 12 Meter) langen Containers war nicht mehr zu stoppen. Weltweit sind über 15 Millionen „Kisten“ im Einsatz. In Hamburg soll sich der jährliche Umschlag von heute über sieben Millionen bis zum Jahr 2010 verdoppeln.

In aller Welt das gleiche Bild: Containerterminals bestimmen heute das Aussehen der Häfen

Der Streit ist alt: Wo ist Hamburg am schönsten, an der Alster oder an der Elbe? Die Antwort ist Temperamentssache. Die Alster beruhigt, bietet Balsam für die Großstadtseele. Die Elbe ist aufregend, pulsierend, im ständigen Wandel. Wer von den Landungsbrücken Richtung Speicherstadt geht, erlebt ein Gewimmel von Barkassen, Fähren, Schuten und Schleppern, im Hintergrund die Werftkräne, Möwen schreien, das Wasser glitzert. Nirgendwo wirkt Hamburg weltläufiger als hier, im größten Seehafen Deutschlands. Eine schlaflose Nacht auf St. Pauli, um 6.00 Uhr auf den Fischmarkt, Fischbrötchen-Frühstück an den Landungsbrücken und dann ab auf eine schwankende Barkasse zur Hafenrundfahrt – das Programm kann sich mit der Äquatortaufe messen lassen.

Hightech am Container-Terminal

Der Hafen lebt. Und er schläft nie. Dafür ist jede einzelne Stunde, die ein Schiff am Kai verweilt, viel zu teuer. Das Liegegeld kann bis zu 40 000 Euro pro Tag betragen – da muss man sich sputen. Wie ein perfekt funktionierendes Uhrwerk greifen die Räder des Systems ineinander. In der Hafenverkehrszentrale werden sämtliche Schiffsbewegungen per Radar überwacht und geleitet. In Altenwerder – wo 2002

01 *Erst wenn ein Schiff aus dem Wasser ist, wird seine Größe richtig sichtbar*
02 *Über 6500 Container drängen sich auf fast 300 Metern Schiffslänge*
03 *Arbeitsplatz in luftiger Höhe*

01

02

03

04

SPECIAL Hochwasser

Leben mit der Flut

Hamburg liegt über 100 Kilometer von der Nordsee entfernt. Dennoch sind Ebbe und Flut deutlich zu spüren. Und wenn das Hochwasser über Normal steigt, bekommt die Stadt auch heute noch nasse Füße.

Immer wieder parken Ahnungslose bei Wind und aufkommender Flut ihre Autos zu nah am Elbufer – um Stunden später Wasser zu schaufeln. Viele Hamburger erinnern sich noch an die schwere Sturmflut von 1962. Mehr als 20 Prozent der Stadt standen unter Wasser, in Wilhelmsburg waren 60 000 Menschen eingeschlossen, 317 Hamburger starben. Seitdem haben ein umfangreiches Deichbauprogramm und die Absperrung der Süderelbe ähnliche Katastrophen verhindert. Doch durch die Ausbaggerung des Flusses für die großen Containerschiffe wächst die Gefahr neuer Fluten, kann das Wasser doch ungehemmt den Fluss hinaufstürmen. Dennoch soll die Elbe zum vierten Mal vertieft werden, um gegen den geplanten Tiefwasserhafen JadeWeserPort in Wilhelmshaven konkurrieren zu können. Bislang dürfen Schiffe mit einem Tiefgang von 12,80 Metern den Hafen anlaufen, bei Hochwasser sogar bis zu 15,10 Metern.

der modernste Containerterminal der Welt in Betrieb ging – ermitteln Großrechner die optimale Transport- und Ladeabfolge. Mit Hilfe von Ladar, einer Kombination aus Laser und Radar, kann die Position jedes einzelnen Containers auf zehn Zentimeter genau ermittelt werden.

Bei soviel Hightech mutet es anachronistisch an, dass die dicken Pötte, scheinbar unbeweglich wie Hochhäuser, noch immer von kleinen Schleppern in die Hafenbecken manövriert werden. Die Schlepperkapitäne sind einige der wenigen, die noch einem traditionellen Beruf nachgehen. Die Schauerleute von einst sind durch Van-Carrier-Fahrer, Kälte- und Klimatechniker sowie Computerspezialisten ersetzt worden. Der Tallymann, der im Auftrag des Reeders die Ladung an Bord prüft, nennt sich heute nüchtern Seegüterkontrolleur. „Tally me bananas" ist Vergangenheit – wie 90 Prozent aller Waren kommen natürlich auch die Bananen im Container nach Hamburg.

Nichts für Nostalgiker

Und wo bleibt die Hafenromantik? Für Nostalgiker sind die schwimmenden Containerlager nicht halb so schön wie die unverändert schnittig wirkende „Cap San Diego". Der weiße „Schwan des Atlantiks" ist einer der letzten Stückgutfrachter, die gebaut wurden. Ebenso wie der dreimastige Windjammer „Rickmer Rickmers" dient er nur noch als Museumsschiff. Trotzdem: Wenn die behäbigen Riesen langsam den Strom hinunterziehen, mit Ziel Chile oder Sydney, kann man sich des Fernwehs kaum erwehren.

Allerdings muss man für diesen Anblick ein gutes Stück flussabwärts gehen. Für die großen Frachter ist die Elbe bei den Landungsbrücken nicht mehr tief genug. Sie drehen schon bei Övelgönne in die südwestlichen Hafenbecken ab.

Für den Ausbau der Niederelbe, vor allem für den neuen Containerterminal am Ballinkai, musste ein ganzes Fischerdorf weichen. Von der Autobahn 7 aus kann man noch Altenwerders Gertrudenkirche sehen. Menschen leben hier nicht mehr. Sie haben den jahrzehntelangen Kampf gegen die Hafenerweiterung längst verloren. Und schon steht Moorburg zur Disposition.

Speicherstadt im Wandel

So wie der Hafen nach Westen wächst, holt sich Hamburg im Osten altes Stadtgebiet zurück. Den Anfang machte die Speicherstadt, die sich wieder den Bürgern öffnet. Für den Bau der Lagerhäuser auf der Kehrwiederinsel und den Ausbau des Freihafens wurden im 19. Jahrhundert über 20 000 Menschen vertrieben. Ein altes

01 *Schon die Anreise ist reizvoll zum Musical-„Theater im Hafen"*
02 *Der „Schwan des Atlantiks" steht für die Eleganz vergangener Zeiten*

03 *1911 noch eine Sensation: Reizvoll ist eine Flussunterquerung im Alten Elbtunnel*
04 *Es gibt sie noch, die Hafenromantik: Sonnenuntergang an den St.-Pauli-Landungsbrücken*

01

02

03

Wohnviertel wurde komplett zerstört. Aber was für Bauten entstanden da neu! Gotik und Renaissance standen Pate und schufen ein bizarres Bild von Türmchen und Giebeln, Brücken und Kais. Hinter dunkelroten Backsteinmauern lebten die Händler und Quartiersleute 100 Jahre lang in einer eigenen Welt. Doch der Seehandel brauchte immer weniger Lagerraum, der Wandel begann. Zwischen Teppichlagern und Schiffsausrüstern siedelten sich Medienfirmen, Agenturen und Museen in den düsteren Speichern an. Und seitdem die Fassaden nachts angeleuchtet werden, ist das „dunkle Tier am Hafenrand" endgültig aus seinem Schlaf erwacht – ein Fabelwesen aus einer anderen Zeit.

Jahrhundertprojekt HafenCity

Und der Wandel geht weiter. In der Nachbarschaft der Speicherstadt entsteht statt der nicht mehr genutzten Kaianlagen die HafenCity. Hamburgs Bürgermeister, egal welch politischer Couleur, schwärmen vom größten innerstädtischen Bauvorhaben Europas, von 40 Prozent neu gewonnener Innenstadt, einer architektonischen Herausforderung! Die Hamburger dagegen hoffen, dass nicht der ewig gleiche Fehler gemacht wird, ein Fehler, der die City nahezu entvölkert hat: Büros statt Lebensraum. Versprochen werden 5500 Wohnungen, 20 000 Arbeitsplätze, ein Kreuzfahrtterminal, das zig Millionen teure Prestigeobjekt Elbphilharmonie, Museen und Restaurants – doch das neue Stadtviertel in Sahnelage wird ein Luxusflecken werden, mit entsprechenden Quadratmeterpreisen.

Am Holzhafen und in Neumühlen, westlich des Fischmarkts, ist diese Entwicklung schon zu sehen. Zwischen Autostrich und Fischhallen werden im „Rive" oder im „IndoChine" Cocktails geschlürft und Sushihäppchen getafelt, wird im „Stilwerk" geshoppt. Unaufhaltsam verändert die gewohnte Elbsilhouette ihr Gesicht.

01 *Aus einer Zeit, als Architektur formvollendet sein sollte: „Hafenrathaus" in der Speicherstadt*
02 *Das Speicherstadtmuseum erinnert an Epochen, als Hafenarbeit Handarbeit bedeutete*
03 *Für einen Tee oder Kaffee ist bei den Teppichhändlern immer Zeit*
04 *Die historisierenden Fassaden der Speicherstadt verblenden einst modernste Bautechniken*

Altona
St. Pauli
Reeperbahn
Königstr.
Landungsbrücken
Stadthausbrücke
Rödingsmarkt
Baumwall
Jungfernstieg
Mönckebergstr.
Rathaus
Meßberg
Hauptbahnhof
Steinstr.
NEUMÜHLEN
ELBTUNNEL
NORDER-ELBE
NORDERELBE
STEINWERDER (zu Hamburg)
STEIN-WERDER (zu Hamburg)
KL. GRASBROOK (zu Hamburg)
HAFENCITY
ROSS
Blohm+Voss
Köhlbrand
Köhlbrandbrücke
Vorhafen
Werfthafen
Kuhwerder Hafen
Kaiser-Wilhelm-Hfn.
Ellerholzhafen
Roßhafen
Oderhafen
Spreehafen
Hansahafen
Rugenberger Hfn.
Waltershofer Hafen
Veddelkanal
Reiherstieg
Veddeler Damm
Maßstab 1:20.000
01
02
03
04
05
06
07
08
09
10
11
12

Einer der Motoren der Stadt

Auch, wenn er für die Stadt bei weitem nicht mehr die Bedeutung wie einst hat, ein bedeutender Wirtschaftsfaktor ist der Hafen allemal. Und lebte man lange Zeit eher notgedrungen mit dem Hafen, ist es heute auch in Hamburg wieder als erstrebenswert, am Hafen zu wohnen – die HafenCity ist längst ausverkauft. Und deshalb gilt für die Politiker jedweder Coleur heute wie vor Jahrhunderten: Was für den Hafen gut ist, ist auch für die Stadt gut.

HAMBURGER HAFEN

Rund ein Zehntel des Stadtgebiets gehört zum Hafen; er umfasst 74 km², 41 km Kaimauern, 200 Brücken und Kräne sowie mehr als 320 Schiffsliegeplätze, davon ca. 30 für Container- und Massenguttransporter. Etwa 13000 Schiffe laufen jedes Jahr den Hafen an. 2006 wurden fast 9 Mio. Container umgeschlagen. Damit liegt Hamburg in Europa hinter Rotterdam auf dem zweiten Platz, weltweit auf dem achten. Außerdem erzielte Hamburg 2006 mit rund 135 Mio. Tonnen einen Rekordumschlag. Immer noch leben rund 140000 Menschen vom Hafen. Jüngster Betrieb der Hamburger Hafen- und Lagerhaus-AG (HHLA) ist der Containerterminal am Ballinkai. Die Traditionswerft Blohm + Voss, 1877 von den Schiffbau-Ingenieuren Hermann Blohm und Ernst Voss gegründet, gibt als einer der ältesten Hafenbetriebe nur noch rund 1000 Menschen Arbeit. Das Werftensterben überlebte außerdem die spezialisierte Sietas-Werft in Neuenfelde, die seit 1635 Schiffe baut.

Ein erster Umschlagplatz lag am **Nikolaifleet** 04 an der 1188 gegründeten (gräflichen) Neustadt. Kaiser Friedrich I. Barbarossa soll dieser freien Handel und Zollfreiheit auf der Unterelbe zugesichert haben. Erst mit dem zunehmenden Handel und größer werdenden Schiffen verlagerte sich das Hafengeschehen im 16. Jh. südwärts ins Mündungsgebiet der Alster in die Elbe, heute **Binnen- und Niederhafen** 06 genannt, und im 17. Jh. dann in die Elbe. Kaianlagen waren weitgehend unüblich, die Schiffe lagen auf Reede und wurden in Schuten und andere Transportfahrzeuge entladen, die das Handelsgut zu den Speichern an den Fleeten brachten. Nur am **Vorsetzen** – der Straßenname erinnert daran – war das Elbufer durch Spundwände, an denen Schiffe festmachen konnten, gegen Unterspülungen gesichert. Wachsender Umschlag und große Dampfschiffe erforderten im 19. Jh. veränderte Hafenanlagen: Als erstes „modernes" Hafenbecken mit Kais, Kränen, Schuppen und Eisenbahnanschluss entstand nach jahrzehntelangen Diskussionen bis 1866 der **Sandtorhafen** 03 als (dem Fluss und damit dem Meer gegenüber) offener Tidehafen (im Gegensatz zu einem durch Schleusen abgeschlossenen Dockhafen wie in London). Seinem Vorbild folgten im Prinzip bis heute alle weiteren Hafenerweiterungen. Mit dem Entstehen der Containerumschlaganlagen in den 1960er-Jahren stieg der Bedarf an großen Lagerflächen außerhalb der Schuppen. Kleinere Hafenbecken wurden zugeschüttet, ein Großteil der Schuppen abgerissen, um Platz für Warenverteilungszentren zu schaffen. Damit verlagerte sich der Hafen weiter nach Westen. Im neu gewonnenen Gebiet um den Sandtor-, den Grasbrook- und den Magdeburger Hafen entsteht gegenwärtig die **HafenCity** mit Museen, Wohnungen, Firmenansiedlungen und der spektakulären neuen Elbphilharmonie.

Reparatur ist heute das Geschäft im Hafen

Tipp

Alltagstouren im Hafen

Der Hafen aus der Alltagsperspektive – und das für den Preis einer Tageskarte. Wer die öffentlichen Linienfähren des HVV nimmt, stellt sich seine eigenen Hafenrundfahrten zusammen und sitzt Seite an Seite mit den Menschen, die hier arbeiten. Linie 61 fährt von den Landungsbrücken unter der Köhlbrandbrücke hindurch zum Containerterminal in Waltershof, Linie 71 zum Bananenschuppen am Amerikahöft. Von dort bringt einen die Linie 73 durchs Hafeninnere zum Oderhöft. Um auch bei Hochwasser unter der Argentinienbrücke hindurchzupassen, werden hier flache „Wassertaxis" eingesetzt.

AKTIVITÄT Einen Hafen erkundet man sinnvollerweise vom Wasser aus. Eine **Hafenrundfahrt** 08 **TOPZIEL** bietet dafür beste Möglichkeiten und reichhaltige Informationen dazu (Angebote s. S. 108).

ALTONAER FISCHEREIHAFEN Bis zu seiner Eingemeindung nach Hamburg war Altona der größte Anlandeplatz der deutschen Fischfangflotte. Allegorisch verarbeitet der **Stuhlmannbrunnen** (1900) vor dem Altonaer Bahnhof die jahrhundertelangen Auseinandersetzungen der Nachbarn um die Fischereivorherrschaft. Heute bietet der ehem. **Fischereihafen** 10 an der Großen Elbstraße keine Fischerromantik mehr. Hier wird tiefgekühlter Fisch verladen, verkauft und verarbeitet; angelandet wird der Fisch vor allem im dänischen Esbjerg. Auch der Terminal für Fährschiffe hat ausgedient, die Englandfähren laufen Hamburg nicht mehr an. Dafür hat sich ein Szene-Lokal nach dem anderen angesiedelt. Das Lofthaus am Elbberg (1997, Bothe, Richter, Teherani) ist einer der neuen Bauten der „Perlenkette" an der Elbe.

NEUER ELBTUNNEL Er ist schon längst nicht mehr neu, der etwas weiter westl. gelegene, 3,3 km lange **Tunnel** 11 27 m unter dem mittleren Wasserspiegel der Elbe. Drei Röhren mit je zwei Fahrspuren sind als Teil der Autobahn A7 seit 1974 in Betrieb, seinerzeit als Segmente ins Flussbett versenkt und eingeschwemmt. Die vierte Röhre, unter der Elbe hindurch gebohrt, wurde Ende 2002 eröffnet; der speziell dafür angefertigte Bohrkopf „Trude" steht heute im Museum der Arbeit (s. S. 73).

KÖHLBRANDBRÜCKE Von Süden über die Autobahn kommend, sieht man sie gut, die grazile Schrägseilbrücke 12 (Architekt Egon Jux) über den Köhlbrand, den 300 m breiten Verbindungsarm zwischen Süder- und Norderelbe. Die 520 m lange und 53 m hohe vierspurige Brücke ist mit 88 Stahlseilen elastisch an zwei 135 m hohen Pylonen aufgehängt. Sie verbindet seit 1974 den Hafen mit dem Containerzentrum Waltershof. Für Fußgänger und Radfahrer ist die Brücke tabu (Zufahrt von der A7, Ausfahrt Waltershof).

ST.-PAULI-FISCHMARKT Um Fisch zu kaufen, kommt sonntags früh kaum noch jemand. Es ist die Mischung aus Volksfest und Flohmarkt, das Gewimmel von Verkäufern, Ausrufern, Nachtschwärmern, Touristen und Schnäppchenjägern, das die Menschen lockt (östl. Ende der Großen Elbstraße, So. ca. 5.00–9.30, Mitte Nov.–Mitte März ab 7.00 Uhr). Neben Bananen, Pflanzen und

Kleingetier wird allerhand Trödel verkauft. Der **Fischmarkt von St. Pauli** 09 (ab 1861) bestand lange in Rivalität zum Altonaer Fischmarkt (ab 1703), bis er 1934 mit ihm vereint wurde. Das Sonderrecht, am arbeitsfreien Sonntag vor der Kirchgangzeit Waren anzubieten, ist im ursprünglichen Haupthandelsgut, dem leicht verderblichen Fisch, begründet.
Die elegante Glas-Eisen-Konstruktion der **Fischauktionshalle** (1896) wurde 1984 renoviert und als Veranstaltungszentrum neu eröffnet. Während des Fischmarkts Brunch zu Jazz- oder Countrymusik. In der Nachbarschaft verkörpern u.a. das Design-Einkaufszentrum Stilwerk in einer alten Mälzerei und die Greenpeacezentrale im ehemaligen Elbspeicher die neue Hamburger Architektur.

Am Sonntagvormittag ist in der Fischauktionshalle immer was los

ST.-PAULI-LANDUNGSBRÜCKEN

Hamburgs Wasserbahnhof 08 TOPZIEL besteht aus 700 m langen Schwimmpontons, durch Brücken mit dem Festland verbunden. Hier legen die Rundfahrtschiffe und Hafenfähren ab. Die heutige Anlage entstand 1906 bis 1910 anstelle älterer Anleger für den Unterelbe- und Seebäderverkehr.
Zwei **Museumsschiffe** haben hier ihren letzten Liegeplatz: Die „Rickmer Rickmers", 1896 als einer der letzten Großsegler gebaut, fuhr nach Ostindien und Chile; das grüne, 97 m lange Stahlschiff hatte eine Segelfläche bis zu 3500 m² (Brücke 1, tgl. 10.00–18.00 Uhr). Etwas östl. die weiße „Cap San Diego"; der erst 1961 vom Stapel gelassene Stückgutfrachter fuhr für die Reederei Hamburg-Süd nach Südamerika (Überseebrücke, tgl. 10.00 bis 18.00 Uhr).
Ein ungewöhnliches Erlebnis: zu Fuß, per Rad oder mit dem Wagen hinüber in den Hafen. Die Autos fahren mit dem Fahrstuhl hinab zum 426,5 m langen **Alten Elbtunnel.** Die Reliefs und Keramiken in den Schächten zeigen u.a. den Bau des Tunnels. Seit 1911 verbinden die beiden gekachelten Röhren St. Pauli mit Steinwerder – die erste Flussunterquerung des Kontinents. Am anderen Ende ein beeindruckender Blick auf die Stadt (St.-Pauli-Landungsbrücken; Pkw Mo.–Fr. 5.30–20.00 kostenpflichtig, für Fußgänger rund um die Uhr kostenlos).
Im **CitySporthafen** 06, einem Gastliegerhafen mitten in der Stadt, liegt zwischen modernen Jachten das in Nietenbauweise erbaute ehem. **Feuerschiff „LV 13"** (1952). Bis 1989 hatte es Dienst in der englischen Humber-Mündung verrichtet. Drinnen und draußen Restauration in uriger Atmosphäre (Baumwall, Tel. 362553, www.das-feuerschiff.de; Mo.–Sa. 11.00 bis 1.00, So. 10.00–22.30, Küche bis 22.00 Uhr).

Museums-Dreimastbark „Rickmer Rickmers"

UMGEBUNG Die Gründerzeithäuser an der **St.-Pauli-Hafenstraße** und der **Bernhard-Nocht-Straße** waren einst begehrt. Spekulanten hatten sie in den 1970er-Jahren allerdings leer stehen lassen, sie drohten zu zerfallen. Ab 1981 wurden sie zum Quartier von Deutschlands bekanntesten Hausbesetzern und waren jahrzehntelang heftig umkämpft und umstritten. 1995 gingen sie auf Initiative des damaligen Bürgermeisters Klaus von Dohnanyi in den Besitz einer aus den Bewohnern bestehenden Genossenschaft über; seitdem fallen sie eher durch ihre bunten Fassadenmalereien auf. In der **Ditmar-Koel-Straße** 07 (Nr. 2, 4, 6 und 36) findet man kleine Gotteshäuser, die als Anlaufstelle für skandinavische Seeleute errichtet wurden: die Kirchen der Dänen, Norweger, Finnen und Schweden. Die dänische Kirche birgt fein gearbeitete historische Schiffsmodelle.

SPEICHERSTADT

Bevor sich Hamburg dem Deutschen Zollverein anschloss, war das Stadtgebiet gegenüber dem Umland Zollausland. Das hatte den Vorteil, dass aus aller Welt angelandete Waren zollfrei gelagert, weiterverarbeitet und wieder ausgeführt werden konnten. Als die Stadt 1888 in das neue deutsche Zollgebiet eingegliedert wurde, bekam sie als weiterhin zollfreien Raum den „Freihafen" mit der Speicherstadt. Dafür wurde bereits ab 1885 auf der Kehrwiederinsel 05 und später auch auf der weiter östl. Wandrahminsel ein barockes Viertel mit Kaufmanns- und Arbeiterhöfen geopfert und mehr als 20000 Menschen umgesiedelt. Die Speicher und Bürohäuser erbaute man von 1885 bis 1927 auf in den weichen Grund gerammten Holzpfählen. Den tragenden und vorgefertigten Eisenskeletten wurde ein „hanseatischer" Backsteinmix aus neugotischen und Renaissance-Elementen vorgeblendet und die Gebäude mit seinerzeit hochmodernen Details wie hydraulischen Winden oder elektrischem Licht ausgestattet. Das alte Hamburger Prinzip, jedes Lager- bzw. Speicherhaus auf dem Wasser erreichen zu können, blieb unangetastet. Mit über 300000 m² Lagerfläche entstand das weltgrößte Lagerhausareal; seit 1991 steht es unter Denkmalschutz. Noch immer beherbergt die Speicherstadt das größte Teppichlager der Welt, werden Tee, Kaffee,

Tipp

Durch die Speicherstadt

Das Speicherstadtmuseum lädt jeden Sonntag zu einem Rundgang durch die Speicherstadt und das Museum ein. Jenseits touristischer Attraktionen wird die Speicherstadt so als Baudenkmal und als Arbeitsort lebendig.

Treffpunkt: Zollstation „Kornhausbrücke" 01, *So. 11.00 Uhr*

Kakao und Gewürze umgeschlagen. Doch durch den Containerverkehr wurden die Lagerhallen größtenteils überflüssig, und Firmen und Museen siedelten sich hier an. Die neue HafenCity, die sich südöstl. anschließt, verändert das Bild der Speicherstadt weiter. Um das Renommierprojekt realisieren zu können, wurde das Gelände der Speicherstadt und HafenCity Ende 2002 aus dem Freihafengebiet ausgegliedert.

SEHENSWERT Besonders malerisch wirkt die Speicherstadt bei nächtlicher Beleuchtung. Von den kunstvollen Brücken überstand als einzige die **Kornhausbrücke** 01 den Zweiten Weltkrieg; seit 1903 wird sie von Christoph Kolumbus und Vasco da Gama bewacht. Die Entdecker sollen den Handel mit Übersee verkörpern, der nirgendwo so greifbar war wie hier. Reich verziert ist auch das nahe gelegene **„Hafenrathaus“** 02 (Bei St. Annen 1), 1903 als repräsentativer Sitz der Hamburger Hafen- und Lagerhaus AG (HHLA) eingeweiht. Zu den modernen Attraktionen der Speicherstadt zählt der **Hamburg Dungeon** 05; die Reise in Hamburgs Vergangenheit ist nichts für Zartbesaitete, bei der interaktiven Show mit Schauspielern werden u.a. plastisch der Große Brand und die Sturmflut gezeigt (Kehrwieder 2, Tel. 36005500, www.hamburg dungeon.com; tgl. 11.00 bis 18.00 Uhr). Daneben liegt das **Miniatur Wunderland Hamburg** 05; die nach eigener Aussage größte digital gesteuerte Modelleisenbahn der Welt (Spurweite H0) zeigt Hamburg und deutsche Landschaften, die USA und Skandinavien im Maßstab 1:87. Bis 2010 sollen die insgesamt 1500 m² Modelfläche mit insgesamt neun Landschaften bebaut sein u.a. mit bewegtem Straßenverkehr und anderen kleinen und großen Attraktionen (Kehrwieder 2, Block D, Tel. 3006800, www. miniatur-wunderland. de; tgl. 9.30–18.00, Di. bis 21.00, Sa., So. und Fei. 9.30–21.00 Uhr).

MUSEEN Dass ausgerechnet in der Speicherstadt ein Museum Alltag, Tradition und Kunst der Afghanen 03 zeigt, ist kein Zufall; schließlich ist hier das Hamburger Zentrum des afghanischen (und iranischen) Teppichhandels. Beim Besuch kann man nicht nur orientalische Gastfreundschaft kennen lernen, sondern in den angrenzenden Teppichlagern vielleicht sogar einen Teppich günstig erhandeln **(Afghanisches Museum,** Sandtorkai 32, Tel. 378236, www. afghanisches-museum.de; tgl. 10.00 bis 17.00 Uhr). Im selben Speicher findet man das exotisch riechende **Spicy's Gewürzmuseum** 03; es erzählt die Geschichte der Gewürze vom Anbau bis zum Verkauf (Am Sandtorkai 32, Tel. 367989, www.spicys.de; Di.–So. 10.00–17.00 Uhr). Anschaulich zeigt das privat betriebene **Speicherstadtmuseum** 02 die Geschichte der Speicherstadt und die Arbeit in den Speichern; außerdem gibt es Wissenswertes rund um den Tee- und Kaffeehandel sowie ein Café inmitten von Kisten und Säcken (St. Annenufer 2, Tel. 321191, www.speicher stadtmuseum.de; Di.–Fr. 10.00–17.00, Sa. und So. 10.00–18.00, sonst Di.–So. 10.00–17.00 Uhr).
Im **Alten Zollamt „Kornhausbrücke“** 01, wo ab 1900 die Zöllner ihren Dienst taten, werden die Geschichte des Zolls vom Altertum bis heute erzählt und ausgefallene Schmuggelverstecke gezeigt. Das Zollboot „Oldenburg“ auf dem Zollkanal ist ebenfalls zu besichtigen (**Deutsches Zollmuseum,** Alter Wandrahm 15, Tel. 30087611; Di.–So. 10.00–17.00 Uhr, Eintritt frei).

HAFENCITY Städtebau live – auf einer Fläche von 155 ha (davon 55 ha Wasser) entsteht ein neuer Stadtteil. Geplant ist eine Mischung aus Wohnen, Arbeiten, Kultur und Tourismus mit u.a. 5500 Wohnungen und 20000 Arbeitsplätzen, 10 km öffentlich zugänglicher Uferpromenade, einem Kreuzfahrtterminal, einem Museums- und einem Sportboothafen. Büros und Wohnungen rund um den Sandtorkai sind bereits fertiggestellt, an der gläsernen Elbphilharmonie auf einem Kaispeicher wird seit 2007 gebaut, das Internationale Maritime Museum soll 2008 eröffnen. Im **HafenCity InfoCenter** (Am Sandtorkai 30, www.hafencity. com; Di.–So. 10.00–18.00 Uhr) wird im ehem. Kesselhaus der Speicherstadt an einem Modell gezeigt, wie Hamburgs neuer Stadtteil aussehen wird; Café und Buchladen sind angeschlossen. Das **Hanseatic Trade Center** mit seinem Rundturm an der Kehrwiederspitze gehört offiziell nicht zum Entwicklungsgebiet der HafenCity, die erst östl. davon beginnt.
Im Baakenhafen weiter östl. ist die **„U 434“**, eines der größten nichtnuklearen U-Boote der Welt, zu besichtigen (92 m lang, 9 m breit, 14,6 m hoch, 18000 PS). Es diente der russischen Marine zu Spionage- und Patrouillenfahrten und konnte 500 m tief tauchen. Das Schiff zeigt die Lebensverhältnisse der Besatzung und bietet einen Blick hinter die Fronten des Kalten Kriegs (Tel. 32004934; Mo. bis Do. 10.00–18.00, Fr. und Sa. 9.00–19.00 Uhr, Shuttle-Service von St.-Pauli-Landungsbrücken und Speicherstadt).

Tipp

Schulung der Sinne

Eine beeindruckende Erfahrung ist der „Dialog im Dunkeln“ in der Speicherstadt: In absoluter Finsternis führen Blinde die Sehenden durch verschiedene Räume und Erlebniswelten.

Alter Wandrahm 4 01, *Tel. 0700/ 44332000, www.dialog-im-dunkeln.de Di.–Fr. 9.00–17.00, Sa., So. und Fei. 11.00–19.00 Uhr, Anmeldung erforderlich*

Nicht versäumen!

ERLEBEN

Per Schiff ins Tor zur Welt
Eine Hafenrundfahrt gehört zu einem Hamburg-Besuch einfach dazu. Hier erfährt man, wie ein Hafen von Weltrang arbeitet, tuckert an imposanten Ozeanriesen vorbei – und bekommt gratis allerlei launige Bemerkungen über Gott und die Welt.

TOPZIEL Siehe Nr. 08

KULTUR

St. Pauli Landungsbrücken
Einst machten hier die Ozeanriesen fest, heute die Rundfahrtboote und Hafenfähren. Unübersehbar sind zwei museale Vertreter vergangener Seefahrtsepochen – der Großsegler „Rickmer Rickmers“ und die „Cap San Diego“ für Stückgut.

TOPZIEL Siehe Nr. 08

ERLEBEN

Fischmarkt
Es gibt nur wenig, was es nicht gibt auf dem sonntäglichen Fischmarkt – auch Fisch natürlich. Ein bisschen Flohmarkt, etwas Volksfest, ein Hauch von Wochenmarkt und jede Menge Rummel ist eine Mischung, die Freude macht.

Siehe Nr. 09

KULTUR

Gekrönt von Giebeln und Türmchen
Die Speicherstadt repräsentiert eine fast schon vergangene Epoche des Welthandels – die Vor-Container-Zeit. Backsteinerne Anleihen aus Gotik und Renaissance ergeben eine überaus ansprechende Mischung.

Siehe Nr. 05

ERLEBEN

Miniatur-Wunderland
Die ganze Welt – natürlich auch mit zahlreichen Hamburg-Zitaten – ist auf einem Speicherboden zu Hause. Der Besuch lohnt sich garantiert nicht nur für Modelleisenbahnfreunde und Kinder.

Siehe Nr. 05

HOLSTEN
RCFH

Hamburgs viele Gesichter

Pöseldorf und Harvestehude, Eppendorf und Uhlenhorst, Sternschanze und Ottensen – so eigen wie ihre Namen sind auch die Gesichter der Stadtviertel. Und die Hamburger bleiben ihren „Dörfern“ treu. Wer aus der Alternativszene des Schanzenviertels ins schicke Uhlenhorst ziehen muss, dem bricht es das Herz. Und wer aus seiner Villa im eleganten Harvestehude ins verwinkelte Multikulti-Ottensen übersiedelt, wechselt Welten. Links der Alster oder rechts der Alster ist für viele eine Schicksalsfrage.

Wasser bestimmt auch viele Hamburger Stadtteile – beispielsweise Harvestehude

01 *Schwäne gehören zur Außenalster wie die Alsterdampfer, die allen Unkenrufen zum Trotz immer noch verkehren*

02 *Sommertag im Alstervorland-Park*
03 *Segelrevier Außenalster vor dem Türmen der Hamburger Straße*

An einem gewöhnlichen Vormittag im Park des Alstervorlands, da trifft man sie: feine Damen, die ihre Windhunde spazieren führen ... Herren, die im „Anglo-German-Club" ganz unter sich ihren Lunch nehmen wollen (weibliche Wesen haben mit Ausnahme der Queen erst ab 16.00 Uhr Zutritt) ... höhere Hanseatentöchter auf dem Weg in die Pöseldorfer Boutiquen. Ja, die Viertel rund um die wunderschöne Außenalster zählen zu den ersten Adressen in Hamburg, verständlicherweise. Als sich die Stadt im 19. Jahrhundert vergrößerte, entstanden hier – in Rotherbaum, Harvestehude und Uhlenhorst – repräsentative Villen und Stadthäuser. Letztere könnte man schnöde als Reihenhäuser bezeichnen, wenn sie denn nicht so vornehm wären.

Stadt Hamburg
an der Elbe Auen,
Wie bist du stattlich
anzuschauen!

Anfang der Hamburg-Hymne

Das „Literaturhaus" am Schwanenwik mit seinem prächtigen Café bietet Einblick in so ein bürgerlich-gediegenes Stadthaus. Mittlerweile wird zwar weniger feudal gebaut. Aber Wohnungen an Straßen mit Namen wie „Schöne Aussicht" oder „Bellevue" sind dennoch kaum unter 8000 Euro pro Quadratmeter zu bekommen. Wer diese Stadtlandschaft erkunden will, sollte ein Kanu mieten. Vom Wasser aus, auf der Außenalster und den verwunschenen stillen Kanälen, ist die Pracht dieser Wohnviertel am besten zu spüren.

Fit for Fun in Pöseldorf

Schwer vorstellbar: In dem Nobelquartier am Alstervorland „pöselten" einst die Pächter des Klosters St. Johannis mühselig in ihren Gärtchen. Heute hat man andere Sorgen: Wohin nur in den zugeparkten

04 *Volksfeststimmung kommt auf, wenn die Außenalster zufriert – was selten genug der Fall ist*
05 *Sonnenenergie treibt diesen „Alsterdampfer" an*

01

02

SPECIAL Fritz Schumacher

Der Backstein-Meister

Wie kaum ein zweiter bestimmte der aus Bremen stammende Architekt und Stadtplaner Fritz Schumacher (1869–1947) das moderne Bild Hamburgs.

Von 1909 bis 1920 war Schumacher als Hamburger Baudirektor – Leiter der Baudeputation, heute Baubehörde – tätig, nach einem Zwischenspiel in Köln dann von 1923 bis zu seiner Entlassung durch die Nazis 1933 als Oberbaudirektor. Seine wichtigste Aufgabe war neben der Gesamtstadtplanung für die Stadterweiterung die Bewältigung der Wohnungsnot in den 1920er-Jahren, und so entstanden große Siedlungsgebiete wie Jarrestadt, Dulsberg und Barmbek-Nord. Dem Reformer lag immer ein menschenwürdiges Wohnen am Herzen, das auch Grünanlagen und Erholung beinhaltete. Den Stadtpark entwarf er als für die Gesundheit der Stadtbewohner zwingend notwendiges „Freilicht-Volkshaus". Schumacher überwandt als Vertreter der beginnenden Moderne – die ihn beeinflusste, die er aber auch aktiv mitgestaltete – und als Gründungsmitglied des Deutschen Werkbundes stilistisch den Historismus und knüpfte an die alte Backstein-Tradition an.

Sträßchen mit dem Porsche? Spätestens seit sich Jil Sander 1968 hier niederließ, gehört das Quartier den Schönen und Reichen. Auf den wenigen Metern der Milchstraße gibt es alles, was das Image pflegt: von Designergürtel über Ayurveda-Massage bis hin zum perfekten Make-up. Und sogar den zum Lifestyle passenden Verlag: die Verlagsgruppe Milchstraße, die mit „Fit for Fun" den Trend benennt. Das Viertel trifft sich auf dem Wochenmarkt am Turmweg, im „Alstercafé Cliff" oder auf der Terrasse von „Paolino" – und tatsächlich auch in einer Bürgerinitiative. Jil Sander und ihre Mitstreiter wehrten sich Jahre gegen den Anbau der Musikhochschule. Vergeblich.

Ein Stausee inmitten der Stadt

Zu Fuß sollte man gehen, unbedingt! Von Pöseldorf hinunter zum Alstervorland, über großzügige Rasenflächen, vorbei an alten Bäumen, über Brückchen und breite Sandwege. Selbst an einem Sonntagnachmittag, wenn hier halb Hamburg flaniert, joggt oder skatet, strahlen Park und Außenalster großzügige Eleganz aus. Einen Spaziergang lang ist die Welt in Ordnung. Sogar die Schwäne am Ufer betreut ein städtisch besoldeter „Schwanenvater". Und auch Sozialneid, der angesichts herrschaftlicher Villen am Harvestehuder Weg aufflackern könnte, bekommt dank städtischer Fürsorge einen Dämpfer. Schließlich hat die Stadt den Villenbesitzern 1952 einen Teil der Privatgärten am Alstervorland abgekauft und öffentlich gemacht. Bei schönem Wetter wird es eng auf dem großstädtischen Stausee. Da üben sich Schulkinder im Jollensegeln, konkurrieren Katamarane um launigen Wind, und pfeilschnelle Achter mit Steuermann flitzen vorbei. Doch alle, ob Segler, Kanuten oder Ruderer, müssen den behäbigen Alsterdampfern ausweichen. Die haben immer Vorfahrt.

Die großbürgerliche Ecke

In Winterhude ist bestens zu erkennen, wie sehr die Alster die Stadtentwicklung geprägt hat. Je weiter von Fluss und See entfernt, desto schlichter die Bauten: erst großbürgerliche Villen und Stadthäuser, dann verspielte gründerzeitliche Etagenhäuser und zum Schluss, Richtung Barmbek, Industrie- und Arbeiterquartiere. Hier beginnt der Osten der Stadt, den viele „Westler" nur besuchen, um „auf Kampnagel" experimentelles Theater zu sehen. Eppendorf ist aus Hamburgs ältestem Dorf hervorgegangen. Wer hier wohnt, wohnt hier meist schon lange. Zog vielleicht hierher, als die Mieten noch billiger und die Nächte noch länger waren. Als das „Onkel Pö" noch lebte und Udo Lindenberg noch

01 *Das Literaturhaus gibt einen Einblick in vergangene großbürgerliche Wohnkultur*
02 *Der Hamburger Stadtpark ist ein Volkspark in bestem Sinne – nur Ruhe ist hier nicht zu finden*
03 *Der Stadtpark bietet Raum für jede Art von Freizeitvergnügen*
04 *Schöner Wohnen: traditionelle Stadtvilla am Harvestehuder Weg*

01 *Schmuckfreudige Gründerzeit-Fassade am Eppendorfer Weg*
02 *Dieses Verlagssymbol schmückt 1960er-Jahre-Architektur in Pöseldorf*
03 *Aus den 1960er-Jahren stammt die iranisch-schiitische Moschee an der Schönen Aussicht*
04 *Pöseldorf ist unverändert eine der ersten Einkaufsadressen Hamburgs*

05

SPECIAL Hans und Hans

Zwei Jungs aus St. Georg

Zwei Jungs aus der Langen Reihe begannen in einem der alten Stadtteile Hamburgs ihre Karrieren, bevor dieser zum Schmuddelkind wurde.
1891 wurde er in der Langen Reihe 71 geboren, der Junge mit den blauen Augen. Sein Vater war Schlachter, und der kleine Hans fuhr im Viertel Wäsche aus. Erste Auftritte hatte er gleich um die Ecke im legendären Hansa-Theater. Und als berühmter Leinwandstar kam er nach St. Georg zurück, um im „Hotel Atlantic" zu wohnen – eine Hamburger Karriere par excellence. Hans Albers starb 1960 und wurde „in Ohlsdorf" begraben. Der Nachbarsjunge aus Nr. 91, zwei Jahre jünger und Sohn eines Seemanns und Hafenarbeiters, wurde Schriftsteller und beschrieb in Romanen, Schauspielen und Drehbüchern das Leben an der Küste. So berühmt wie der blonde Hans wurde er nicht, aber dafür ging sein Lied um die Welt: „Lili Marleen". Hans Leip starb 1983 in der Schweiz.

jung war. Die Zeiten sind vorbei, und heute leben hier Leute, die zu den prächtigen Gründerzeithäusern mit tadellos restaurierten Fassaden passen. In dem einstigen Szeneviertel ist mehr Jugendstil als Jugend zu finden. Viel Schick, Bistros und Boutiquen, aber auch viel Grün, Alleen mit ausladenden Kastanien und kleine Parks.

St. Georg und die ganze Welt

St. Georg ist das Schmuddelkind an der feinen Alster. Da können sich Politik und Polizei noch so sehr ins Zeug legen – das Viertel zwischen Hauptbahnhof und dem Straßenzug An der Alster ist nicht „clean" zu kriegen. Der Stadtteil, der im Mittelalter Leprakranke beherbergte, ist der einzige Flecken an der Außenalster, der sich dem Schöner-Wohnen-Motto – bis jetzt noch – verweigert. St. Georg ist ein Brennglas, das die ganze Welt auf den Punkt bringt. Stärkere Kontraste auf engem Raum lassen sich kaum finden: Drogenelend am Hansaplatz und Luxus im „Hotel Atlantic", Schauspielhaus und Kebabbuden, nietengespickte Lederbodys und mild lächelnde Buddhastatuen. Hauptschlagader ist die Lange Reihe. Auf 800 Metern präsentiert sie einen bunten Mix aus türkischen Imbissen, indischem Supermarkt, tibetanischen Läden, portugiesischen Cafés, persischen Konditoreien, italienischen Restaurants, In- und Eckkneipen und Designershops.

Der wilde Westen

Ein Teil der Drogenszene ist dem Druck der Obrigkeit gewichen: zum Bahnhof Sternschanze, ins westlich des Schlachthofs gelegene Schanzenviertel, das eine ähnlich faszinierende Multikulti-Mischung beherbergt wie St. Georg. Und auch hier die gleiche Tendenz: Neben bröckelnden Fassaden und Billigläden ziehen Boutiquen, Weinläden und Medienfirmen ein. Das Schulterblatt, die breite Straße im Herzen des Viertels, ist für 1,5 Millionen Euro zur „Piazza" umgebaut worden, und sogar der alteingesessene Imbiss „Pamukkale" wartete über Nacht mit gläserner Front und Wischtechnik an den Wänden auf.
Doch was auch immer passiert: Die „Rote Flora" steht wie eine Burg. Das linksradikale Veranstaltungszentrum droht eher aus Altersschwäche zu zerbröckeln, als der Yuppisierung des Viertels zu weichen. Und dem Druck der Politiker schon gar nicht. Egal, wie oft versucht wurde, den punkigen Schuppen abzureißen, egal wie viele Razzien rund um die Flora das Viertel aufmischten – das ehemalige Varietétheater ist seit 1989 fest in der Hand der Alternativ- und Anarchoszene.

05 *Rondeel nennt sich diese Villengruppe am Wasser des gleichnamigen Teichs – von Alsterrundfahrten gern aufgesucht*

01

02

03

Hamburgs schönster Balkon

Auch das quirlige Ottensen hat auf wundersame Weise die Quadratur des Kreises geschafft: großstädtische Vielfalt und kleinstädtische Gemütlichkeit. Auf engstem Raum – und Ottensen ist wirklich eng – lebt hier jeder nach seinen Vorstellungen. Vor Jahren gab es noch den Kampf gegen das Einkaufszentrum „Mercado“. Inzwischen hat man sich arrangiert, und die Punks – „Hassu ma'n Euro?“ – sitzen nach wie vor am Spritzenplatz und hören den Straßenmusikanten zu.

Lotto King Karls rockige Liebeserklärung an seine Stadt lautet schlicht „Hamburg, meine Perle“.

Die größte Gefahr drohte dem kleinen Ottensen in den 1970er-Jahren – da sollte es saniert werden. Zu schmal waren die Gassen, baufällig die niedrigen Arbeiterhäuschen. Doch die Modernisierung erfolgte in Maßen. Noch heute sind die Straßen so verwinkelt, dass Fremde schnell die Orientierung verlieren. Und Autofahrer ziehen hier sowieso den Kürzeren, entnervt vom Einbahnstraßendschungel. Erst zur Elbchaussee hin werden die Straßen wieder breiter. Die Parkanlage südlich des Altonaer Bahnhofs schafft Platz für das Rathaus, ein schneeweißer Prachtbau und Hamburgs beliebtestes, weil schönstes Standesamt. Von hier aus sind es nur ein paar Schritte zum „Altonaer Balkon“, wo der Blick endgültig weit wird: Die Stadt im Rücken steht man hoch über der Elbe, und die Aussicht über den Hafen nimmt kein Ende.

Gänsemarsch in Övelgönne

Das Altonaer Dörfchen besteht eigentlich nur aus einer Häuserzeile, die sich von Neumühlen die Elbe flussabwärts zieht.

01 *Typisch Karolinenviertel – Wandmalerei und Graffiti*
02 *Gezahlt werden muss auch im „Karo“*
03 *Kein bisschen leise: „Tuten und Blasen“ beim Stadtteilfest im Schanzenviertel*

01 *Selbstbewusstsein dokumentiert der Neorenaissancebau des Altonaer Rathauses – mit dem einstigen Staatsoberhaupt Kaiser Wilhelm I.*

02 *Wenig Komfort, dafür ein erstaunliches Image: Die „Strandperle“ in Övelgönne ist sommerlicher Anziehungspunkt ersten Ranges*

04

SPECIAL Revitalisierung

Alte Fabriken, neues Leben

Hamburg hat nie viel Federlesens mit alter Architektur gemacht, wenn diese ihre Funktion verloren hatte. Doch diese Zeiten sind vorbei, seit eine zahlungskräftige und imagebewusste Klientel erkannt hat, wie „schick" es sich darin arbeiten und wohnen lässt.

Die „Fabrik" in Ottensen machte 1971 den Anfang, ihr Name wurde zum Programm: Seit in den 1970er-Jahren mehr und mehr Fabriken unrentabel geworden waren, gab es in den alten Backsteinhallen plötzlich Platz für Kultur. Die Schiffsschraubenfabrik Zeise in Ottensen beherbergt Kino und mehr, aus der Drahtstiftefabrik Feldtmann wurde das Stadtteilarchiv. Im Osten entwickelte sich „auf" Kampnagel, wo bis 1968 Hafenkräne entstanden, eine blühende Theaterszene, und die Gummi-Waaren Compagnie wurde zum „Museum der Arbeit". Alte Arbeiterviertel erlebten einen Boom, weil Fabriketagen zu großzügigen Lofts und Medienbüros umgebaut wurden. Jüngstes Beispiel für den Wandel ist das jahrzehntelang eher als spießig verrufene Bahrenfeld, wo ein Gaswerk zum schicken Büro- und Wohnviertel geworden ist. Ebenso wie das Fitnesscenter betont das dortige Hotel die Fabrikarchitektur, statt sie zu verstecken, was große Beachtung gefunden hat.

Alte Industriearchitektur mit aktueller Nutzung: Fitnesscenter „Elixia" in Bahrenfeld

Aber dieser Kilometer gehört zum Malerischsten, was Hamburg zu bieten hat. Und deshalb drängen sich auf dem Pfad entlang der winzigen Häuschen halb Hamburg und seine Besucher. Es ist aber auch zu schön: linker Hand Minigärtchen, der Elbstrand und der breite Strom und rechts die alten Lotsenhäuschen mit Erkern und Glasveranden, mit gusseisernen Gittern und Tüddelgardinen. Dazu ein paar Cafés und Fischrestaurants, Straßenhändler und Eisbuden. Und die „Strandperle": Im Sand vor dem Kiosk am Elbufer trifft man den typischen Mix des Hamburger Westens wieder: Studenten und Filmproduzenten, Schickimicki, Kleinfamilien, Singles und – ein wenig abseits am qualmenden Lagerfeuer – die Anarchoszene. Großstadt pur.

03 *Selbst Einheimischen kaum bekannt: Der abgelegene Jüdische Friedhof in Altona wurde bereits 1611 angelegt*

04 *Wo es einst nach verbranntem Schiffschrauben-Messing roch, ist heute die Kultur zu Haus: „Zeisehallen"*

01
02
03
04
05
06
07
08
09
HAMBURG
SCHENE-FELD
EIDELSTEDT
LURUP
OSDORF
GROSS FLOTTBEK
NIENSTEDTEN
OTHMARSCHEN
OTTENSEN
ALTONA
BAHREN-FELD
STELLINGEN
EIMSBÜTTEL
LOK-STEDT
EPPEN-DORF
GROSS-BORSTEL
ALSTER-DORF
NIENDORF
OHLSDORF
WINTERHUDE
BARMBEK
BRAMFELD
HELLBROOK
DULSBERG
WANDSBEK
TONN-DORF
FARMSEN
RAHLSTEDT
JENFELD
MARIEN-THAL
UHLEN-HORST
ROTHERBAUM
HAMM
HORN
BORGFELDE
ST. GEORG
ST. PAULI
HAFEN CITY
STEINWERDER
VEDDEL
WALTERS-HOF
FINKENWERDER
NEUHOF
WILHELMS-BURG
ALTEN-WERDER
MOOR-BURG
G.-WERDER
KIRCH-DORF
MOORFLEET
BILLBROOK
BILLSTEDT
BILLWERDER
MÜMMELMANNS-BERG
BOBERG
LOHBRÜGGE
BERGEDORF
NEU-ALLER-MÖHE
NETTELN-BURG
ALLERMÖHE
HEIMFELD
HARBURG
EISSENDORF
WILSTORF
NEUGRABEN
NEUWIEDEN-THAL
FISCHBEK
FRANCOP
HOHENWISCH
Barsbüttel
Stapelfeld
Braak
Oststeinbek
GLINDE
REINBEK
Havighorst
Willinghusen
Stellau
HH-Eidelstedt
Dreieck HH-Nordwest
HH-Stellingen
HH-Volkspark
HH-Bahrenfeld
HH-Othmarschen
HH-Waltershof
HH-Moorburg
HH-Heimfeld
Dreieck HH-Südwest
HH-Georgswerder
HH-Veddel
Kreuz HH-Süd
Dreieck HH-Südost
HH-Moorfleet
HH-Wilhelmsburg-S.
HH-Neuland
HH-Harburg-Mitte
HH-Wilstorf
Hamburg-Harburg
HH-Stillhorn
HH-Allermöhe
HH-Neuallermöhe-West
HH-Nettelnburg
HH-Bergedorf
HH-Curslack
Kreuz HH-Billstedt
HH-Öjendorf
Kreuz Hamburg-Ost
HH-Jenfeld
HH-Horn
Reinbek
Barsbüttel
Stapelfeld
Carl Hagenbecks Tierpark
Color Line Arena
HSH Nordbank Arena
Trabrennbahn
Neue Flora
Messe
Millerntor-Stadion
Operettenhaus
St. Michaelis
Horner Rennbahn
Reitturnierplatz
Kohlbrandbrücke
Außenalster
Norder-Elbe
Süderelbe
Dove Elbe
Gose Elbe
Alte Süderelbe
Bille
Elbtunnel
Wildpark Schwarze Berge
HAMBURG
NIEDERSACHSEN
HAMBURG
SCHLESW.-HOLSTN.
Maßstab 1:100.000
0
1.5 km

Am Rande bemerkt

Hamburg ist über Jahrhunderte gewachsen – durch Eroberungen, durch Kauf und zuletzt durch Eingemeindungen per Reichsgesetze. Heutzutage wird die Hansestadt in die sieben (Verwaltungs-) Bezirke Altona, Bergedorf, Eimsbüttel, Hamburg-Mitte, Hamburg-Nord, Harburg und Wandsbek aufgeteilt, die sich wiederum in 103 Stadtteile untergliedern. Die meisten sind für Besucher kaum attraktiv, viele reine Wohngegenden. Einige aber haben Interessantes zu bieten.

01 AUSSENALSTER

Hamburgs größter See (1,64 km², 2,8 km Länge, bis zu 1 km Breite und 2,5 m Tiefe) entstand im 13. Jh. durch Aufstauung des 56 km langen Flusses Alster, der nördl. Hamburgs bei Henstedt entspringt. Von der Binnenalster (18 ha) wird er durch Kennedy- und Lombardsbrücke getrennt. An seinen Ufern wurden im Zuge der Stadterweiterung im 19. Jh. Villen und Stadthäuser gebaut, u. a. die „Slomannburg" (Harvestehuder Weg 5), ein weißer Bau mit Turm und Zinnen, und das weiße Haus des Amerikanischen Generalkonsulats (Alsterufer 27). Der Zugang zum Wasser ist fast überall frei, die urspr. privaten Gärten am westl. Ufer wurden 1953 zur öffentlichen Parkanlage.

AKTIVITÄTEN Als **Segelrevier** ist die Außenalster durch die wechselnden und durch Häuserschluchten verursachten Fallwinde recht anspruchsvoll. Der 7,6 km lange **Rundweg** wird von unzähligen Joggern genutzt. Die Qualität des Wassers hat sich seit Jahren gebessert, so dass über eine Badestelle nachgedacht wird. **Bootsvermietung** s. S. 108. **Schifffahrten** s. S. 108.

Feuerwerk zum Kirschblütenfest: Außenalster

02 ST. GEORG

Benannt nach dem um 1200 errichteten Hospital für Leprakranke, standen dem Stadtteil von jeher die Außenseiter der Gesellschaft nahe. Hier vor dem Steintor befanden sich Galgen, Pestfriedhof, „Gassenkummerplatz" (Müllhalde) und Schweineställe. Mit dem Bau der Befestigungen im 17. Jh. wurde das Gebiet in die Stadt einbezogen. Heute hat sich nahe dem Hauptbahnhof eine Drogen- und Prostitutionsszene etabliert, aber auch ein lebendiges Kneipen- und Restaurantmilieu.

SEHENSWERT Direkt gegenüber dem 1906 eingeweihten Hauptbahnhof, der die größte Bahnhofshalle Deutschlands besitzt (121 m lang, 37 m hoch, 73 m breit), befindet sich in einem repräsentativen Bau von 1899/1900 das **Deutsche Schauspielhaus** (s. S. 71). Das **Hotel Atlantic** (An der Alster 72–79; s. S. 89) ist am schönsten vom Wasser aus zu sehen; der weiße Prachtbau wurde 1909 für über 5 Mio. Goldmark errichtet.

03 UHLENHORST

Der Stadtteil entwickelte sich erst nach 1844, nachdem der Alsterspiegel abgesenkt, der Boden durch Kanäle entwässert worden war. Die exklusive Villen- und Stadthausbebauung überlebte den Krieg unzerstört. Aus einem Moorloch entstand der Feenteich, an dem sich in einer Villa von 1868 das **Gästehaus des Senats** befindet.

SEHENSWERT Im **Literaturhaus** (Schwanenwik 38, Tel. 22702011, www.literaturhaus-hamburg.de), untergebracht in einem prachtvoll ausgestatteten Stadthaus (1868), finden Lesungen und Autorentreffs statt. Auch eine Buchhandlung und ein Café im ehemaligen Ballsaal gehören dazu. Wer im Freien sitzen will, sollte den herrlich gelegenen Kiosk gegenüber am Alsterufer be-suchen. Die iranisch-schiitische **Moschee** steht seit 1960 an der Schönen Aussicht 36.

„Landhaus Walter", größter Biergarten der Stadt

04 WINTERHUDE

Das Dorf wurde bereits 1250 urkundlich erwähnt, bis in die Mitte des 19. Jh. blieb die Gegend ländlich. Dann begann die Familie Sierich das Gebiet zwischen der heutigen Sierichstraße und der Alster mit Straßen, Kanälen und Brücken zu erschließen. Ihr Gehölz, das die Stadt 1902 erwarb, wurde zum Stadtpark (s. S. 105). Heute bietet Winterhude ein sehr unterschiedliches Bild: Jenseits der alsternahen groß- und gutbürgerlichen Gegend gehören auch **Jarrestadt** und **City Nord** dazu. Die 35 Klinkerblocks der Jarrestadt, 1927–1930 nach einer Idee von Fritz Schumacher erbaut, stehen unter Milieuschutz; heute leben hier rund 9000 Menschen. In den 1960er- und 1970er-Jahren entstand wegen wachsenden Bürobedarfs die City Nord; auf dem 1,2 km² großen Areal arbeiten rund 20 000 Menschen, nach Feierabend ist die Gegend ausgestorben.

KULTUR UND SZENE Vor allem im Bereich **Mühlenkamp, Dorotheen- und Gertigstraße** gibt es viele Lokale und Läden. Im **Stadtpark** auf der Freilichtbühne Konzerte (vor allem Rock), im **Landhaus Walter** (mit großem Biergarten) der beliebte **Downtown Bluesclub** (Hindenburgstraße 2, Tel. 275054, www.downtown-bluesclub.de) und am Stadtparksee Gartencafés, teilw. mit Livemusik. Veranstaltungen auch im **Goldbekhaus,** einem Stadtteilzentrum mit Biergarten am Goldbekkanal (Moorfuhrtweg 9, Tel. 27870212, www.goldbekhaus.de). Zu den Theatern **Winterhuder Fährhaus** und **Kampnagel** s. S. 71.

05 EPPENDORF

Das ehem. Bauerndörfchen, 1140 erstmals erwähnt, gehörte im 14. Jh. dem Kloster Harvestehude, nach der Reformation dann dem Johanniskloster, seit 1894 schließlich zur Stadt Hamburg. Noch immer befindet sich in der Nachfolge der Klöster an der Heilwigstraße ein malerisches Damenstift. Der Süden Eppendorfs ist mit seinen großzügigen Altbauwohnungen ein beliebtes Wohnviertel, den Norden dominiert das 1885 gegründete Krankenhaus, heute Universitätsklinikum Eppendorf.

SEHENSWERT Die **Pfarrkirche St. Johannis** erhielt ihre heutige Gestalt im Wesentlichen 1571 und besitzt einen Backsteinturm aus der Zeit um 1200; das Langhaus ist von 1622. Auch das Fachwerkhaus des **Klostervogts** aus dem 18. Jh. (Eppendorfer Marktplatz 11) und das **Willsche Haus** (ab 1670, Ludolfstraße 19) erinnern an das ländliche Eppendorf. Eine Institution ist der **Isemarkt** (Di. und Fr. 8.30–14.00 Uhr), der sich in der Isestraße unter dem Viadukt der Hochbahn erstreckt. In der Tarpenbekstraße 66 wohnte der KPD-Vorsitzende **Ernst Thälmann** (heute Gedenkstätte), bevor er 1933 festgenommen und 1944 im KZ Buchenwald ermordet wurde. Nr. 82 ist das Geburtshaus des Schriftstellers **Wolfgang Borchert** („Draußen vor der Tür"), der 1947 mit nur 26 Jahren starb. Am Nordrand liegt mitten in der Stadt eher unerwartet das Naturschutzgebiet **Eppendorfer Moor** (Alsterkrugchaussee).

KULTUR UND SZENE Auch wenn Eppendorf als In-Viertel längst abgelöst wurde, gibt es noch eine gut besuchte **Kneipenszene,** vor allem am oberen Ende des Eppendorfer Wegs, im Lehmweg und am Eppendorfer Baum (**Alma Hoppes Lustspielhaus** s. S. 88).

06 HARVESTEHUDE

Straßennamen wie Abteistraße, Frauenthal und Nonnenstieg erinnern daran, dass das Viertel einst einem reichen Kloster der Zisterzienserinnen gehörte. Weil die Nonnen den lutherischen Glauben ablehnten, wurde ihr Kloster 1530 abgerissen, das Land erst im 19. Jh. zur Bebauung freigegeben. Es entwickelte sich zur exquisiten Wohngegend Hamburger Kaufleute.

SEHENSWERT Im engen Viertel **Pöseldorf** zwischen Harvestehuder und Mittelweg wohnten Gärtner und Handwerker. Als 1959 die Sanierung begann, wurden die einstigen Stall- und Remisengebäude nach und nach zu Boutiquen und Kneipen. Im Turmweg bei der **St. Johanniskirche** (1882) findet Do. 8.30–14.00 Uhr ein **Wochenmarkt** statt. Zu Harvestehude gehören auch die **Grindel-Hochhäuser** (Grindelberg/Hallerstraße). Die zwölf schmalen Hochhäuser, 1946–1956 im Auftrag der britischen Besatzer entstanden, gelten als Symbole des Wiederaufbaus und Zeugnis klassischer Architekturmoderne.

KULTUR UND SZENE Eine der ersten Kult-Kneipen der Stadt war das **Zwick** (Mittelweg 121), in dem heute noch Alt-Rocker auftreten. Die **Hochschule für Musik und Theater** veranstaltet Konzerte (s. Tipp S. 71).

07 ROTHERBAUM

Zur Alster hin zeigt Rotherbaum – der Name geht auf einen Schlagbaum zurück – typische Villen und Stadthäuser. Das lebhafte Grindelviertel dagegen wird heute durch die Universität geprägt. Ebenfalls zu Rotherbaum gehören die Tennisanlagen, wo die Internationalen Meisterschaften von Deutschland stattfinden.

SEHENSWERT Das **Grindelviertel** war ab Ende des 19. Jh. Zentrum des jüdischen Lebens in Hamburg; rund 40 % der Hamburger Juden lebten hier. Am Joseph-Carlebach-Platz erkennt man den Grundriss der zerstörten **Synagoge,** der damals zweitgrößten Deutschlands. Auf der Moorweide/Platz der Jüdischen Deportation, von wo aus Tausende Juden deportiert wurden, wurde 1983 ein Gedenkstein errichtet. Erhalten blieben der **Tempel** in der Oberstraße (heute Teil des Norddeutschen Rundfunks) sowie die **Talmud-Tora-Schule** am Grindelhof, in der seit 2002 wieder unterrichtet wird.
Das **Dammtor,** das nördliche Tor im Befestigungsring, wurde 1817 abgerissen. 1866 entstand der erste **Bahnhof,** 1903 der heutige Jugendstilbau des schönsten Hamburger Bahnhofs. Dahinter erstrecken sich das rund 63 000 m² große **Messegelände** sowie die Parkanlage **Planten un Blomen** TOPZIEL (s. S. 105). Richtung Stephansplatz steht das viel kritisierte **Kriegerdenkmal** von 1936 („Deutschland muss leben und wenn wir sterben müssen"), daneben der unvollendete Gegenentwurf von Alfred Hrdlicka (1985).

Tipp

Schlechtwetter-Zoo

Ein idealer Ort für Familien mit Kindern, wenn es regnet: Das Zoologische Museum der Uni Hamburg zeigt die heimische Tierwelt ebenso wie exotische Raubtiere. Mit Muße – und ganz umsonst – kann man hier sorgsam präparierte Tiere betrachten und nebenbei viel Wissenswertes lernen.

Martin-Luther-King-Platz 3/Bundesstraße, Tel. 428382276
Di.–Fr. 9.00–13.00 und 14.00–18.00, Sa. und So. 10.00–13.00 und 14.00 bis 17.00 Uhr, Fei. geschl.

Tipp

Zum Drink auf den Anleger

An einigen Anlegern der Alsterdampfer gibt es Cafés mit Wasserblick: „Bodos Bootssteg" an der Rabenstraße, „Fiedler's Café" am Mühlenkamp, „Bobby Reich" (Foto: Blick) an der Krugkoppelbrücke und „Café Leinpfad" beim Winterhuder Fährhaus – schöner kann man nicht sitzen.

UNIVERSITÄT HAMBURG Sie wurde erst 1919 gegründet, gehört mit ihren 18 Fachbereichen und rund 40000 Studenten aber inzwischen zu den großen Deutschlands. **Hauptgebäude** ist der säulengeschmückte Kuppelbau (1911) an der nach dessen Stifter benannten Edmund-Siemers-Allee. In den 1950er-Jahren entstand rund um den nahen **Von-Melle-Park** ein neuer Campus mit Mensa, Audimax und „Philosophenturm" (52 m). Zur Uni gehört auch das **Universitätsklinikum Eppendorf** (UKE), wo seit 1919 die Ausbildung der Medizinstudenten stattfindet. Für Interessierte ohne Abitur, die meist über den zweiten Bildungsweg kommen, ist das **Departement Wirtschaft und Politik** (Von-Melle-Park 9) der Universität eine bedeutende Ausbildungsstätte. Sie geht auf die 1948 gegründete ›Akademie für Gemeinwirtschaft‹ zurück. Eine der jüngsten Universitäten Deutschlands ist die **Technische Universität Hamburg-Harburg** mit heute rund 5000 Studenten. 1980 wurde die Lehrtätigkeit aufgenommen.

KULTUR UND SZENE Nicht nur Studenten nutzen die Lokale beim **Abaton-Kino** und die Rock-Kneipe **Logo** (s. S. 87).

08 SCHANZE UND KARO

Der Begriff Schanzenviertel („Schanze") kam erst in den 1980er-Jahren auf, als sich die Gegend um den Bahnhof Sternschanze zur Domäne der Alternativ- und Politszene entwickelte. Das Bindeglied zum Karolinenviertel bildet der bis 1892 errichtete Schlachthof. Um die Altbauten des Viertels gab es lange Streit zwischen Sanierern, Bauspekulanten und Hausbesetzern. Beim Bahnhof Sternschanze beginnt der **Schanzenpark;** hier lag ab 1682 die Sternschanze, eine sternförmige Bastion der Befestigungsanlage. Im Park gibt es mehrere Sport- und Spielplätze und ein Café; der Umbau des Wasserturms (1907 bis 1910) zu einem Hotel ist im Viertel umstritten. Südlich der Feldstraße erstreckt sich das **Heiligengeistfeld,** auf dem dreimal im Jahr der **Dom** (Jahrmarkt) stattfindet. Die fast 30 ha große freie Fläche war im Mittelalter Weideland des Hospitals zum Heiligengeist

KULTUR UND SZENE Am **Schulterblatt** sind zahlreiche Kneipen und Restaurants sowie das umstrittene **Kulturzentrum Rote Flora** (Schulterblatt 71, Tel. 4395413, www.roteflora.de) zu finden. Die ehem. Rinderschlachthalle hat sich zum Veranstaltungszentrum **Schlachthof** gemausert, mit Clubs und Cocktailbar (Neuer Kamp 30, Tel. 87976230, www. schlachthofhh.de).

Marktstraße bedeutet im Karolinenviertel Mode

09 ALTONA

Altona entstand erst ab 1535, als eine Fischer- und Handwerkersiedlung ›all to nah‹ an Hamburg gegründet wurde. Das zu

Auch der Winter reizt an der Elbe: Neumühlen

Holstein-Pinneberg gehörende Dorf wurde zur Zuflucht für Glaubensflüchtlinge, u. a. für Reformierte und Juden. Im Viertel „Freiheit" galt Glaubens- und Gewerbefreiheit – daher die Straßen ›Große‹ und ›Kleine Freiheit‹ auf St. Pauli. Der 1611 angelegte Jüdische Friedhof gilt als einer der bedeutendsten der Welt (nicht zugänglich). 1640–1864 erlebte Altona als zweitgrößte Stadt der dänischen Krone eine Blüte, der Hafen war zeitweilig bedeutender als der Hamburgs. 1867 kam es zu Preußen, 1938 zu Hamburg. Im Zweiten Weltkrieg wurden seine Industrieanlagen und Arbeiterwohngebiete stark zerstört. Der Aufschwung des Dorfes **Ottensen,** erstmals 1310 erwähnt, begann, als es 1867 preußisch wurde und, anders als Altona und Hamburg, zum Deutschen Zollverein gehörte. Industrie siedelte sich an, und die Stadt Ottensen wurde ein Zentrum der Arbeiterbewegung. 1889 wurde sie nach Altona eingemeindet. Nachdem ab den 1960er-Jahren viele Fabriken geschlossen wurden, wandelte sich Ottensen in ein Szeneviertel mit lebendiger Stadtteilkultur.

SEHENSWERT Auf dem alten Friedhof der **Christianskirche** von 1738 ist das Grab von F. G. Klopstock (1724–1803) und seiner beiden Frauen zu finden; 25 000 Menschen sollen seinerzeit den Trauerzug des Dichters, durch seinen „Messias" äußerst populär geworden, begleitet haben.
Dem prächtigen Neorenaissancebau des **Altonaer Rathauses** (1898) sieht man nicht an, dass es aus dem ehem. Bahnhof der Kiel-Altonaer Eisenbahn entstanden ist. Nördl. schließt sich der Platz der Republik mit dem monumentalen **Stuhlmannbrunnen** (1900) an. An der Westseite des parkähnlichen Platzes sind **Altonaer Museum** (s. S. 73) und **Altonaer Theater** zu finden (s. S. 71). Südl. des Rathauses liegt der **Altonaer Balkon,** ein Park mit großartigem Blick über den Hafen. Hier geht ein Wanderweg oberhalb der Elbe nach **Neumühlen,** das durch moderne Glaspaläste ein völlig neues Gesicht bekommen hat, und zum malerischen **Övelgönne.** Die ehem. Fischer- und Lotsensiedlung ist Hamburgs einziges Stadtviertel ohne Autostraße, dafür gibt es steile Treppen wie die „Himmelsleiter". Am Fähranleger Neumühlen ist der **Museumshafen** beheimatet (s. S. 73).

Nicht versäumen!

AKTIV

Unter bunten Segeln
Ein See mitten in der Stadt – Hamburgs Außenalster ist der Freizeitmagnet der Hansestadt. Ob ihn zu Fuß zu umrunden, mit dem Fahrrad oder mit dem besegelten oder geruderten Boot zu überqueren, kaum eine Sportart bleibt in der Stadtmitte ungenutzt.

Siehe Nr. 01

ERLEBEN

Hort der schönen Worte
Im Literaturhaus am Schwanenwik präsentiert sich zeitgenössische Literatur in einem großbürgerlichen Stadthaus vor prächtiger Kulisse. Entspannung bietet der Ballsaal – heutzutage ein besuchenswertes Café.

Siehe Nr. 03

NATUR

Die Welt der „Pflanzen und Blumen"
Einst ein Teil der westlichen Wallanlagen, hat sich „Planten un Blomen" zu einer herrlichen Parkanlage mit mancher botanischer Besonderheit entwickelt, in der Hektik und Lärm der Großstadt ausgesperrt zu sein scheinen.

TOPZIEL Siehe Nr. 07

ERLEBEN

Interessantes „Karo"
Jahrzehntelang einer der Hinterhöfe der Hansestadt, hat sich das Karolinenviertel rund um die Marktstraße zu einer attraktiven Mischung mit kleinen Restaurants, Cafés und Boutiquen, in denen sich junge Designer verwirklichen, entwickelt.

Siehe Nr. 08

ERLEBEN

Oben auf dem Altonaer Balkon
Ans Altonaer Rathaus brandet der Verkehr. Nur ein paar Schritte entfernt wird die Aussicht weit, geht der Blick hinüber auf die riesigen Hafenanlagen, um nach Kilometern im Dunst zu verschwimmen.

Siehe Nr. 09

Kunst und eine Menge Theater

Museal geht es in Hamburg ganz und gar nicht zu. Die ehemals staatlichen Museen, die seit 1999 eigenverantwortlich wirtschaften, sind lebendiger geworden. Da werden in der ehrwürdigen Kunsthalle Yoga und Malerei zusammengeführt, gibt es Kindertheater im Hamburg-Museum, und im Museum für Völkerkunde kann man auf dem „Markt der Völker" einkaufen oder bei der „Backpacker-Nacht" eigene Reiseerlebnisse kundtun. Lebendig ist es auch auf der Bühne. Mit über zwanzig Spielstätten, von Klassik über Plattdütsch bis Avantgarde, hat die Stadt viel Theater zu bieten.

Verbeugung vor Lessing und seinem Werk: „Miss Sarah Sampson" im Thalia-Theater

01

02

03

04

SPECIAL G. E. Lessing

Ein Hamburger Drama

Gotthold Ephraim Lessing (1729 bis 1781) ist einer der wenigen großen Dichter, Denker und Aufklärer, die man mit Hamburg verbindet.

1767 kam der im sächsischen Kamenz geborene Lessing als Dramaturg des neu gegründeten Deutschen Nationaltheaters an die Elbe, hier wurde seine „Minna von Barnhelm" noch im selben Jahr uraufgeführt. In seiner „Hamburgischen Dramaturgie" beschreibt er als Kritiker die in Hamburg aufgeführten Stücke. Die Textsammlung gilt als erste deutsche Dramenlehre und gab den Anstoß zu einer Reform des deutschen Theaters. Bereits Ende 1768 scheiterte das Nationaltheater, Lessing verließ Hamburg nur ungern und nahezu mittellos. 1770 wurde er Bibliothekar der Herzog-August-Bibliothek in Wolfenbüttel. Als er später mit dem Hamburger Pastor Goeze über Grundlagen des christlichen Glaubens stritt – Lessing war zwischenzeitlich Mitglied der Hamburgischen Freimaureiloge geworden–, fiel er aufgrund Goezes Einfluss beim Rat der Hansestadt in Ungnade. Der untersagte der Presse sogar, über die Trauerfeier des in Braunschweig nach einem Schlaganfall verstorbenen Dramatikers zu berichten.

Eine Hamburger Posse: Als sich 2001 der neue Senat vorstellte, war ein Stuhl unbesetzt – der Posten des Kultursenators. Und das blieb fast ein halbes Jahr so. Etliche Damen waren im Spiel, sogar Vicky Leandros wurde genannt. Die Presse hatte etwas zu schreiben, und die Szene sah sich bestätigt: Kultur zählt wenig in der Stadt der Pfeffersäcke. Natürlich ist was dran an der Kritik. Da in der Hansestadt nie kunstsinnige Fürsten, sondern immer Kaufleute das Sagen hatten, war das Kulturbudget meist knapp. Doch privat ließen sich finanzkräftige Bürger und Unternehmen nicht lumpen. Bis heute lebt Hamburgs Kultur zu einem Großteil von Sponsoren.

Alles nur Theater!

Egal, was dort auf die Bühne kam: Beim „Schauspielhaus" ging es in der Presse vor allem um die roten Zahlen des renommierten Hauses. Auch die Inszenierungen sind oft umstritten – dennoch, unter Friedrich Schirmer ist etwas Ruhe eingetreten. Hamburg hat es einfach nicht verwunden, dass die ruhmreiche Intendanz von Frank Baumbauer vorbei ist. Viermal, 1994, 1996, 1997 und 2000, wurde das Haus am Hauptbahnhof unter seiner Führung zum Theater des Jahres gekürt – an Erfolg kann man sich schon ein bisschen gewöhnen. Wie das „Schauspielhaus" hat auch Hamburgs zweites großes Haus, das „Thalia-Theater", einen relativ jungen Intendanten; Ulrich Khuon, wie Schirmer Jahrgang 1951, setzt das „Thalia" ein erfolgreiches Konzept fort: klassische Moderne und modern inszenierte Klassiker sowie Werke junger Autoren.

Aber die beiden Großen haben reichlich Konkurrenz – und die belebt bekanntlich die Szene: Dritte im Bunde der städtischen Theater ist die „Kampnagelfabrik", die sich als Spielstätte für internationale Gastspiele, freie Theatergruppen und Tanzperformances einen Namen gemacht hat. Da sind die „Kammerspiele", die über 40 Jahre von Ida Ehre geprägt wurden und die in den letzten Jahren durch Axel Schneider neuen Schwung bekommen haben. Es gibt das „Theater für Kinder" und natürlich das „Ohnsorg-Theater", den Freiluft-„Jedermann" in der Speicherstadt, das „English Theatre", ein „Theater in der Basilika", eins im „Keller", eins auf dem „Schiff" und eins, das „Piccolo" heißt und ist. Es gibt Boulevardtheater, das „Schmidt" und das „Schmidts Tivoli", die zwei Frechen unter der Leitung des Berufs-St.-Paulianers Corny Littmann, die die Reeperbahn wieder belebt haben. Es gibt Musicals, Kleinkunst, Kabarett und Stegreiftheater …

01 *Mit Schlosscharakter: das prachtvolle Treppenhaus der Kunsthalle*
02 *Stephan Balkenhols Werk, das auf den Eingang von Hagenbecks Tierpark hinweist*
03 *Die „Schlumper" sind seit über 25 Jahren in der alten Rinderschlachthalle an der Arbeit*
04 *Markthallen wurden zu Räumen für Gegenwartskunst: in den Deichtorhallen*

01

02

03

SPECIAL Johannes Brahms

Der nordische Romantiker

Der Pianist und Dirigent Johannes Brahms (1833–1897) wird den Romantikern zugerechnet und gilt als einer der bedeutendsten Komponisten der zweiten Hälfte des 19. Jahrhunderts.

Da haben die Hamburger ein Genie in ihrer Stadt und wissen es nicht zu würdigen: Zweimal bewarb sich Brahms als Dirigent der Philharmonischen Gesellschaft, und zweimal wurde er abgelehnt. Brahms wurde im Gängeviertel, dem düsteren Arbeiterlabyrinth in der Neustadt, geboren. Mit zehn Jahren trat er das erste Mal öffentlich auf. Zwanzigjährig wurde er aufgrund Robert Schumanns Empfehlungen weithin bekannt. Mit 30 zog er nach Wien, kehrte aber immer wieder für Konzerte in die Heimat zurück. Erst nach langen Debatten in Bürgerschaft und Senat rang man sich 1889 dazu durch, ihm die Ehrenbürgerschaft zu verleihen. Nach seinem Tod wuchs allerdings der Stolz auf den begabten Sohn: Der Hamburger Senat verleiht seit 1928 eine Medaille für Verdienste um sein Werk, und seit 1969 gibt es eine Brahms-Gesellschaft. Rechtzeitig zum 100. Todestag wurde der Platz vor der Laeiszhalle nach dem Komponisten benannt. Und in der Peterstraße, in der Nähe seines 1943 zerstörten Geburtshauses, kann man mittlerweile eine Brahms-Gedenkstätte besuchen.

Die Laeiszhalle am Brahmsplatz

Die älteste Oper des Landes

Und die Oper? Da fällt vielen Hamburgern entweder das „Phantom" ein, das jahrelang in der „Neuen Flora" herumgeisterte, oder aber der in Ehren ergraute mit dem raren Ehrenbürgerrecht belohnte John Neumeier, der seit 35 Jahren das Ballett der Staatsoper leitet. Aber das Musical ist viel publikumswirksamer und drängt die Oper in der öffentlichen Wahrnehmung ein wenig ins Abseits – nicht nur an der Elbe. Dabei – und die wenigsten Hanseaten sind sich sicherlich der Tatsache bewusst – besaß Hamburg die erste öffentliche Oper Deutschlands. Vom Gänsemarkt, wo sie 1678 gegründet wurde, ist sie mittlerweile ein paar hundert Meter weiter Richtung Dammtor gewandert. Hier erstrahlt der Fünfzigerjahrebau zwar frisch renoviert, aber der Stern der Hamburger Oper hat schon mal – zu Zeiten Rolf Liebermanns oder auch Günther Rennerts – heller geleuchtet. Und auch die Sponsorengelder wollen nicht mehr so fließen. Wehmütig gedenkt man der Zeit, als Hamburgs Industrieller Kurt A. Körber persönlich das Portemonnaie aufmachte.

Meilenweit Kunst

Auch die Deichtorhallen haben dem 1992 verstorbenen Maschinenbau-Fabrikanten viel zu verdanken. An der Stätte des Groß-

01 *Der Schiffahrt verpflichtet: HamburgMuseum …*
02 *… mit Erholung inmitten großer Geschichte*
03 *Kunst dank Kommerz: Exponate einer Südsee-expedition im Museum für Völkerkunde*

01 *Der Spiegelsaal im Museum für Kunst und Gewerbe wird für Kammermusik geschätzt*

02 *Wo ist oben, wo ist unten: Die „Companhia de Dança Deborah Colker“ tanzt auf Kampnagel*

markts entstand dank der Körber-Stiftung einer der interessantesten Ausstellungsräume der Stadt. Jüngste Errungenschaft: das Fotozentrum, das der Fotograf F. C. Gundlach hier betreut.

Die Hallen bilden den Endpunkt der Hamburger Kunstmeile, die sich beiderseits des Hauptbahnhofs erstreckt. Schwerpunkt der beeindruckenden Meile ist die Kunsthalle mit ihrer Sammlung vom Mittelalter bis zur Neuzeit. Neben dem Bau im Stil der italienischen Renaissance steht die „Galerie der Gegenwart“. Der schlichte Würfel des Kölner Architekten O. M. Ungers war anfangs genauso umstritten wie sein avantgardistischer Inhalt. Aber selbst Museumsbesucher, für die Max Beckmann gerade noch akzeptabel gemalt hat, schleichen heimlich durch den Gang, der von der Kunsthalle in die unverständliche Gegenwart führt. Das Bistro der Galerie besitzt nämlich einen der wenigen Tische Hamburgs, von wo man sowohl Binnen- als auch Außenalster sehen kann.

Unbemerkt von vielen Hamburgern hat sich noch eine zweite Museumsmeile entwickelt – in der Speicherstadt, die selbst wie ein einziges Freilichtmuseum wirkt, gibt es mittlerweile neun Ausstellungsorte. Darunter das kleine, exotisch riechende Gewürzmuseum oder auch den „Dialog im Dunkeln“, der die Besucher in absoluter Finsternis das Unsichtbare entdecken lässt. Museumsmuffeln sei der Museumshafen in Neumühlen empfohlen. Hier, wo alte Schiffe dümpeln, gibt es schlichtes Flaschenbier aus der Kiste auf einem gerade zu Besuch eingelaufenen Eisbrecher oder Bockwurst an Deck der als Hafenfähre pensionierten „Bergedorf“.

03

03 *Der Malersaal ist die Experimentierbühne des Deutschen Schauspielhauses*

HAMBURG
SCHENE-FELD
EIDELSTEDT
LURUP
STELLINGEN
EIMSBÜTTEL
BAHREN-FELD
OSDORF
GROSS FLOTTBEK
NIENSTEDTEN
OTHMARSCHEN
OTTENSEN
ALTONA
ST. PAULI
ROTHERBAUM
LOKSTEDT
GROSS-BORSTEL
NIENDORF
ALSTER-DORF
OHLSDORF
WINTER-HUDE
BARMBEK
BRAMFELD
HELLBROOK
DULSBERG
FARMSEN
RAHLSTEDT
TONN-DORF
JENFELD
MARIEN-THAL
HORST
HORN
BORGFELDE
HAFEN CITY
BILLSTEDT
BILLBROOK
MÜMMELMANNS-BERG
Oststeinbek
Barsbüttel
Stapelfeld
Braak
GLINDE
REINBEK
Havighorst
BOBERG
LOHBRÜGGE
BERGEDORF
HINSCHEN-DORF
NETTELN-BURG
NEU-ALLER-MÖHE
ALLERMÖHE
BILLWERDER
MOORFLEET
REITBROOK
ACHTERDEICH
CURSLACK
AUF DER BÖGE
OCHSEN-WERDER
SPADEN-LAND
GAUERT
TATENBERG
MOOR-WERDER
KIRCH-DORF
G.-WERDER
WILHELMS-BURG
VEDDEL
STEINWERDER
WALTERS-HOF
NEUHOF
ALTEN-WERDER
MOOR-BURG
FINKENWERDER
FRANCOP
HOHENWISCH
NEUGRABEN
NEUWIEDEN-THAL
SIEDL. FALKEN-BERG
HEIMFELD
HARBURG
EISSENDORF
WILSTORF
Außen-alster
Norderelbe
Süderelbe
Alte Süderelbe
Dove Elbe
Gose Elbe
Carl Hagenbecks Tierpark
Color Line Arena
HSH Nordbank Arena
Trabrennbahn
Neue Flora
Messe
Millerntor-Stadion
Rathaus
St. Michaelis-K.
Operetten-haus
Horner Rennbahn
Reitturnierplatz
Wildpark Schwarze Berge
Öjendorfer See
01
02
03
04
05
06
07
08
09
10
11
12
13
14
15
16
17
18
Maßstab 1:100.000
0
1,5 km

Vielgestaltige Kulturlandschaft

Hamburg ist eine Stadt des Geldes voller Kunstbanausen – dieses Vorurteil stimmte schon früher nicht und ist heute völlig deplatziert. Kunst und Kultur haben an der Elbe einen hohen Stellenwert, zumal sie sich schon immer repräsentativ einsetzen ließen – wichtig für mit spitzem Stift rechnende Kaufleute.

THEATER

Rund zwei Dutzend Theaterbühnen präsentieren in Hamburg allabendlich die Bretter, die die Welt bedeuten. Eine Auswahl:

STÄDTISCHE THEATER Mit dem 1899 gegründeten **Deutschen Schauspielhaus** 16 sind Intendantennamen wie Gustav Gründgens (1955–1963), Peter Zadek (1985–1989) und Frank Baumbauer (1993–2000) verbunden. Das Haus hat sich seine Experimentierfreudigkeit vor allem im **Malersaal** erhalten (Kirchenallee 39, Tel. 248710, www.schauspielhaus.de; Kasse Mo. bis Sa. 10.00–18.00, So. 10.00–13.00 Uhr).
Das 1843 gegründete **Thalia-Theater** 15 machte sich unter Boy Gobert (1969–1980) und Jürgen Flimm (1985–2000) einen Namen. Bis heute stehen immer wieder moderne Klassiker auf dem Programm (Alstertor 1, Tel. 32814444, www.thalia-theater.de; Kasse Mo.–Sa. 10.00–19.00, So. und Fei. 16.00–18.00 Uhr). Zeitgenössische Stücke werden vor allem in der Bahrenfelder Dependance **Thalia in der Gaußstraße** gespielt.
Die ehem. Maschinenfabrik **Kampnagel** 02 in Winterhude war 1981 Ausweichstätte des Schauspielhauses während der Renovierung. Freie Theatermacher schafften es, dass Kampnagel seit 1989 als städtische Gesellschaft arbeiten und (12 000 m² auf vier parallel bespielbaren Bühnen) avantgardistisches Theater, internationale Gastspiele, Tanz und Performances zeigen kann (Jarrestraße 20, Tel. 27094949, www.kampnagel.de; Kasse Mo.–Fr. 13.00–19.00, Sa., So. und Fei. 16.00–19.00 Uhr).

PRIVATE THEATER Überwiegend klassisches Repertoire zeigt das **Altonaer Theater** 09 (Museumstraße 17, Tel. 39905870, www.altonaer-theater.de; Kasse Mo.–Fr. 10.00–18.00, Sa. 10.00–15.00 Uhr).
Zwei Konzepte für ein Haus: Seit über 20 Jahren bietet das Ehepaar Deeken dem **Theater für Kinder** 09 eine Bühne. 1996 folgte die Gründung des **Alleetheaters,** einer Kammeroper, die Raritäten auf die Bühne bringt. Sie werden für Kammerensembles arrangiert – und zusammen mit einem Menü angeboten (Max-Brauer-Allee 76, Tel. 382959, www.alleetheater.de und Tel. 382538, www. theater-fuer-kinder.de; Kasse Mo.–Fr. 10.00 bis 18.00, Sa. und So. 11.00–16.00 Uhr).
Niederdeutsches Platt, meist traditionell, mal experimentierfreudig, aber fast immer mit gut gelauntem Publikum: Das **Ohnsorg-Theater** 15 ist bundesweit durch das Fernsehen bekannt (Große Bleichen 23, Tel. 35080321, www. ohnsorg.de; Kasse Mo.–Sa. 10.00–19.00, So. 14.00–18.00 Uhr).
Das Theater im Uni-Viertel gehörte dem Jüdischen Kulturbund Hamburg. 1945 wurde es als **Hamburger Kammerspiele** 07 von Ida Ehre neu belebt und zu einer der führenden modernen Bühnen im Nachkriegsdeutschland gemacht. Nach ihrem Tod 1989 gab es wechselnde Intendanzen und Konzepte (Hartungstraße 9–11, Tel. 0800/4133440, www. hamburger-kammerspiele.de; Kasse Mo. bis Fr. 9.00–19.00, Sa. 9.00–16.00 Uhr).
Boulevardtheater mit Fernsehprominenz sowie engagierte Ein- oder Zwei-Personenstücke zeigt die **Komödie Winterhuder Fährhaus** 01 (Hudtwalkerstraße 13, Tel. 48068080, www. komoedie-winterhuder-faehrhaus.de; Kasse Mo. bis Sa. 11.00–18.00, So. 14.00–17.00 Uhr).
Die Witwe des Theatergründers Friedrich Schütter, Isabelle Vértes-Schütter, übernahm 1995 die künstlerische Leitung des **Ernst-Deutsch-Theaters** 05; es bietet nach wie vor zeitkritisches und unterhaltsames Theater (Friedrich-Schütter-Platz 1, Tel. 22701420, www.ernst-deutsch-theater.de; Kasse Mo.–Sa. 10.00–18.30, So. 15.00–18.00 Uhr).
Britische Bühnenkultur, wie sie leibt und lebt, im **English Theatre** 04 (Lerchenfeld 14, Tel. 2277089, www.englishtheatre.de; Kasse Mo.–Fr. 10.00–14.00 und 15.30–19.30, Sa. 15.30–19.30 Uhr).

WEITERE THEATER Theater auf St. Pauli, **Kabarett, Kleinkunst** und **Musiktheater** s. S. 88.

OPER UND KONZERT

Auch überwiegend klassische Musik findet in Hamburg ein breites Publikum.

STÄDTISCHE HÄUSER In der 1678 gegründeten **Hamburgischen Staatsoper** 15 hat die weltweit erfolgreichste Orchesterdirigentin Simone Young die künstlerische Leitung; ihr Vorgänger Ingo Metzmacher wurde 1998 für seinen „Wozzeck" zum Dirigenten des Jahres gewählt. Die kleine **Opera Stabile** gilt als Experimentierbühne. Seit 1973 leitet John Neumeier das international gefeierte **Ballett** der Staatsoper; begehrt sind seine sonntäglichen Ballett-Werkstätten (Dammtorstraße 28, Tel. 356868, www.hamburgische-staatsoper.de; Kasse Mo.–Sa. 10.00–18.30 Uhr).
Die 1908 eingeweihte **Laeiszhalle – Musikhalle Hamburg** 12 im neubarocken Stil (M. Haller, E. Meerwein), eine Stiftung der Reederfamilie Laeisz, hat zwei Säle. Im großen mit rund 1900 Plätzen spielen nicht nur das eigentlich zur Oper gehörende Philharmonische Staatsorchester oder die Hamburger Symphoniker, sondern auch Popmusiker (Johannes-Brahms-Platz, Tel. 346920, www.laeiszhalle.de; Kasse Mo.–Fr. 11.00–18.00/20.00 Uhr).

ANDERE HÄUSER Im prächtigen **Spiegelsaal** 16 aus dem Harvestehuder Budge-Palais werden Kammermusik und Lieder gegeben. Er diente dem Bankiersehepaar Budge zu Beginn des 20. Jh. als Begegnungsstätte internationaler Künstler. 1980 musste er der Erweiterung der Musikhochschule, die im Palais untergebracht ist, weichen und wurde im Museum für Kunst und Gewerbe wieder aufgebaut (Steintorplatz, Tel. 24862827; Karten über Konzertkasse Gerdes, Tel. 440298).
Die 1931 erbaute und 1938 geschändete Synagoge wurde 1953 vom Norddeutschen Rundfunk erworben und zum Studio umgebaut. Hier finden

Tipp

Auf in die Neue Welt

Amerika – die große Verheißung! Zwischen 1850 und 1934 wanderten rund 6 Mio. Menschen über Hamburg nach Übersee aus, die meisten in die USA. Viele gingen aus wirtschaftlicher Not, später vor allem aus Angst vor politischer Verfolgung. Von 1871 bis 1914 war Hamburg wichtigster Transithafen für über 2 Mio. osteuropäische Auswanderer, vor allem Juden. Auf der Veddel 17 entstand ab 1901 im Auftrag der Reederei HAPAG eine Stadt in der Stadt – eine 60 000 m² große Anlage mit Pavillons, Großküchen, Kirchen und Synagogen. Hier warteten die Menschen sehnsüchtig auf ihre Passage. Um die letzte der noch erhaltenen backsteinernen Auswandererhallen ist nach dem Vorbild von Ellis Island, New York, eine Erlebnisaustellung entstanden, die Einblicke in die Motive der Auswanderer geben und Atmosphäre von vor 100 Jahren vermitteln will.

Auswandererwelt BallinStadt Hamburg, Veddeler Bogen 2, Tel. 31979160, www.ballinstadt.de Mo.–So. 10.00–18.00 Uhr

Hamburg hat weltweite Kontakte – Wandbild auf einem Dock von Blohm + Voss

u. a. Konzerte des Sinfonieorchesters und des Chors des Norddeutschen Rundfunks statt (**Rolf-Liebermann-Studio** 07 des NDR, Oberstraße 120, Tel. 41560, www.ndr.de; Karten über Classic Center Tel. 354414).

Hamburger Kammeroper 09 im Alleetheater, s. unter Theater.

FESTIVALS **Musik- und Theaterfestivals** s. S. 91.

MUSEEN, GALERIEN

Hamburg verfügt über 50 Museen, Sammlungen und Ausstellungsorte – vom Alstertal- bis zum Zoologischen Museum. Eine Auswahl:

KUNSTMEILE AM HAUPTBAHNHOF

Ein Rundgang von der Renaissance bis zur Gegenwart ermöglichen die **Hamburger Kunsthalle** 16 TOPZIEL und die **Galerie der Gegenwart.** Schwerpunkte bilden deutsche Maler des 19. Jh. und Kunst aus dem frühen 20. Jh. wie C. D. Friedrich, Nolde, Beckmann, Kokoschka und Klee. Alfred Lichtwark, ab 1886 erster Direktor der Kunsthalle, begründete das Renommée der Sammlung durch Wiederentdeckung der Hamburger Maler Meister Bertram und Meister Francke. Der Erweiterungsbau Galerie der Gegenwart (1997) widmet sich der zeitgenössischen Kunst seit 1960; im Neubau ein Museum für Horst Janssen (1929–1995), den Hamburger Künstler (Glockengießerwall, Tel. 428131200, www.hamburger-kunsthalle.de; Di.–So. 10.00–18.00, Do. bis 21.00 Uhr).

Eine Kulturreise von der Antike bis zur Gegenwart bietet das **Museum für Kunst und Gewerbe** 16 TOPZIEL. Schwerpunkte sind u. a. Kunst des Islams und Ostasiens, Jugendstil, Design und Fotografie. Zu verdanken ist das faszinierende, rund 125 Jahre alte Haus seinem ersten Direktor Justus Brinckmann, auf dessen Sammlertätigkeit noch heute 80 % der Exponate zurückgehen (Steintorplatz 1, Tel. 428542732, www.mkg-hamburg.de; Di.–So. 10.00–18.00, Do. bis 21.00 Uhr).

Im **Kunsthaus** 16 Ausstellungen zeitgenössischer – vor allem Hamburger – Künstler (Klosterwall 15, Tel. 335803; Di.–So. 11.00–18.00, Do. bis 21.00 Uhr).

In der ehem. Markthalle befinden sich die Räume des ältesten **Kunstvereins Deutschlands** 16 (1817). Wechselausstellungen moderner Kunst und klassischer Moderne (Klosterwall 23, Tel. 338344, www.kunstverein.de; Di.–So. 11.00–18.00, Do. bis 21.00 Uhr).

Die beiden **Deichtorhallen** 16, ehem. Markthallen von 1914, wurden in beeindruckende Ausstellungsräume für Gegenwartskunst verwandelt (Sponsor Kurt A. Körber, Architekt Josef Paul Kleihues); die südliche der Hallen betreut der Fotograf und Sammler Prof. F. C. Gundlach als Kurator (Deichtorstraße 1, Tel. 321030, www.deichtorhallen.de; Di.–So. 11.00–18.00 Uhr).

WEITERE KUNSTMUSEEN Das **Bucerius Kunstforum** 15 ist durch eine Stiftung des Verlegers Gerd Bucerius (1906–1995) entstanden. Hier präsentieren Gastkuratoren Ausstellungen (teilweise mit öffentlichen Symposien in Kooperation mit der Uni), die Zusammenhänge zwischen verschiedenen Epochen, Disziplinen und Kulturen aufzeigen (Rathausmarkt 2, Tel. 3609960, www.buceriuskunstforum.de; tgl. 11.00–19.00 Uhr).

Tipp

Dem Foto ein Forum

Das ist längst keine Frage mehr: Fotografie ist Kunst. Und lange fehlte dieser Form bisher der passende Rahmen. Mit dem neuen Fotozentrum in der südl. Deichtorhalle, das der bekannte Modefotograf und passionierte Sammler F. C. Gundlach leitet, schaffte Hamburg Abhilfe. So kann Gundlach seine rund 12 000 Bilder umfassende Sammlung in Hamburg belassen. Die Hansestadt hat traditionell einen Bezug zur Fotografie. Schon 1893, in den Kindertagen der neuen Kunst, veranstaltete Alfred Lichtwark als Direktor der Kunsthalle eine „Internationale Ausstellung von Amateurphotographien". Andere Hamburger Museen folgten dem Beispiel, und Hamburg wurde um 1900 Zentrum der deutschen Kunstfotografie – was es gut 100 Jahre später wieder sein will.

Im **Beylingstift** 12 von 1751 in der „Traditionsinsel" Peterstraße (s. S. 33) sind Erinnerungsstücke an den Hamburger Komponisten Johannes Brahms ausgestellt: Partituren, Manuskripte, Fotos und mehr (Peterstraße 39; Di. und Do. 10.00 bis 13.00, jeden 1. So. im Monat 11.00–14.00 Uhr).

Das **Erotic Art Museum** 11 zeigt erotische Bilder und Skulpturen (Bernhard-Nocht-Straße 69, Tel. 3178410, www.eroticartmuseum.de; So.–Do. 12.00–22.00, Fr. und Sa. 12.00–24.00 Uhr).

In einem weißen Atriumbau (1962, Werner Kallmorgen) im Jenischpark ist eine der bedeutendsten Ausstellungen der Werke des Bildhauers, Grafikers und Schriftstellers Ernst Barlach 08 (1870 bis 1938) zu sehen (**Ernst Barlach Haus,** Baron-Voght-Straße 50a, Jenischpark, Tel. 826085, www.barlach-haus.de; Di.–So. 11.00–18.00 Uhr). Sie ist dem Hamburger Tabakkaufmann Hermann F. Reemtsma zu verdanken, der sich nach einer Begegnung mit dem von den Nazis verfemten Künstler zum Sammler der Werke Barlachs entwickelt hatte. Barlach wurde im nahen Wedel geboren, wo sich das Ernst Barlach Museum befindet (Mühlenstraße 1, Tel. 04103/918291, www.Ernst-Barlach.de; Di.–So. 11.00–17.00 Uhr).

GALERIEN Hamburg ist eine Kunststadt. Vor allem in der Innenstadt sind unzählige Galerien zu finden – von Spezialisten für „Seestücke" bis zu modernster Kunst. Eine Auswahl: Julia Sökeland und Nasim Weiler zeigen in einer alten Altonaer Fabrik internationale Gegenwartskunst, Neues und Bewährtes (art agents gallery, Wilstorfer Straße 71, Tel. 8997551, www.artagents.de). Das Galerienhaus auf der Fleetinsel (Admiralitätsstraße 71) vereint Galerien und eine Kunstbuchhandlung unter einem Dach, u. a. Dörrie+Priess (Tel. 364131, www.doerrie-priess. de), Galerie für Landschaftskunst (Tel. 37503068), Ascan Crone (Tel. 4134440), Karin Günther (Tel. 37503450) und Sfeir-Semler (Tel. 37519940, www.sfeir-semler.de). Horst Janssen, 1920er- und 1930er-Jahre und mehr in der Galerie Brockstedt (Magdalenenstraße 11, Tel. 4104091, www.galeriebrockstedt.de). Besonderer Art ist die **Galerie der Schlumper,** in der so genannte geistig Behinderte in einer Weise Malerei, Grafik und Skulptur „produzieren", dass deren Werke Sammelobjekte wurden (Neuer Kamp 30, Tel. 43254270, www. schlumper.de; Di. bis Fr. 16.00–19.00, Sa. 7.00–17.00 Uhr).

Tipp

Eine schöne Ruhepause

Nicht nur für Museumsfreunde: die stilvolle „Destille" im Museum für Kunst und Gewerbe, das „Café Fees" im Hamburg Museum, wo man auch im Winter unterm Glasdach draußen sitzen kann, oder auch das „Café Liebermann" in der Säulenhalle des Kunsthallen-Altbaus (Foto). Im Altonaer Museum wird in einer „Vierländer Kate" gespeist. Das nüchterne Café in der Galerie der Gegenwart besticht dagegen mehr durch seinen Alsterblick.

ANDERE MUSEEN Exponate zur Kunst- und Kultur Norddeutschlands sowie zum Leben in der Fischerei und Schifffahrt präsentiert das **Altonaer Museum** 09 als Norddeutsches Landesmuseum. Schön der alte Kaufmannsladen und die Galionsfiguren (Museumsstraße 23, Tel. 428113582, www.altonaer-museum.de; Di.–So. 10.00–18.00, Do. bis 21.00 Uhr). Großbürgerliche Wohnkultur ist im **Jenischhaus** 08 zu sehen, einer Außenstelle für Kunst und Kultur an der Elbe im Jenischpark (Baron-Voght-Straße 50, Tel. 828790; Di.–So. 11.00–18.00 Uhr).

Den „Walddörfern" an der oberen Alster ist das **Alstertalmuseum** gewidmet (nördl. außerhalb des Kartenausschnitts; Wellingsbüttler Weg 75a, Tel. 5366679, www.alstertal-museum.de; Sa. und So. 11.00–13.00 und 15.00–17.00 Uhr, Eintritt frei).

Stadtgeschichte von den Anfängen Hamburgs um 800 bis zur Gegenwart sind im imposanten Schumacherbau des **HamburgMuseums (Museum für Hamburgische Geschichte)** 12 TOPZIEL vereint: u.a. die Hammaburg, der Kampf gegen die Piraten (u.a. Störtebeker), eine Kaufmannsdiele aus dem 17. Jh., eine Segelmacherei und der Wiederaufbau nach 1945. Auch die **Kramer-amtsstuben** 13 (s. S. 33) gehören dazu (Holstenwall 24, Tel. 4281322380, www.HamburgMuseum.de; Di.–Sa. 10.00–17.00, So. 10.00–18.00 Uhr).

Der Ur- und Frühgeschichte Norddeutschlands sowie der Regionalgeschichte des Stadtteils Harburg ist das **Helms-Museum** 18 gewidmet (Harburger Rathausplatz 5, Tel. 428712497, www.helmsmuseum.de; Di.–So. 10.00 bis 17.00 Uhr).

Hamburgs weltweite Handelsbeziehungen legten den Grundstein für das **Museum für Völkerkunde** 07, das Sammlungen mit Kunst- und Kulturgütern aus allen Erdteilen zeigt und einen Rundgang durch Alt-Ägypten, Afrika, Europa, Indonesien, die Südsee und Amerika bietet. Spannend sind das Maori-Versammlungshaus oder auch die dämonischen Südseemasken, 1910 von der Hamburger Südsee-Expedition mitgebracht. Das Museum ist in einem der neobarocken „Staatsbauten" (1907–1911) beheimatet (Rothenbaumchaussee 64, Tel. 01805308888, www.voelkerkundemuseum.com; Di.–Sa. 10.00–18.00, Do. bis 21.00 Uhr).

Das **Museum der Arbeit** 03 ist 1997 als letztes der staatlichen Museen Hamburgs auf dem Gelände der früheren „Hamburger Gummi-Waaren Compagnie von 1871" gegründet worden und präsentiert Arbeits- und Alltagswelt im Industriezeitalter. Beeindruckend: „Trude", die riesige Bohrscheibe vor dem Museum – sie steht für „tief runter unter die Elbe" und bohrte die vierte Elbtunnelröhre (Wiesendamm 3, Tel. 4281330, www.museum-der-arbeit.de, Mo. 13.00–21.00, Di. bis Sa. 10.00–17.00, So. 10.00–18.00 Uhr).

Im **Museumshafen Oevelgönne** 10 ankern 20 Vertreter der Kleinschifffahrt: u.a. der Lühe-Ewer „Elfriede", die Zoll-Dampfbarkasse „Präsident Schäfer", der Eisbrecher „Stettin" und ein alter Schwimmkran (Anleger Neumühlen; immer zugänglich; www.museumshafen-oevelgoenne.de). Einige Minuten elbabwärts ist die **Oevelgönner Seekiste** (Oevelgönne 61, Tel. 85358825, www.museum-seekiste.de; Fr., Sa. und So. 15.00–19.00, So. auch 10.00–13.00 Uhr) zu finden, ein kleines Museum mit maritimen und auch kuriosen Exponaten. Puppen und Puppenstuben aus drei Jahrhunderten sind in der weißen Bauhausvilla des **Puppen Museums Falkenstein** (Landhaus Michaelsen, 1923–1924) im Sven-Simon-Park hoch über der Elbe zu sehen (westl. außerhalb des Kartenausschnitts; Grotiusweg 79, Tel. 810582; Di.–So. 11.00–17.00 Uhr).

Schloss Bergedorf (s. auch S. 107) beherbergt das **Museum für Bergedorf und die Vierlande** (Tel. 428912894; Di.–Do., Sa. und So. 11.00 bis 18.00 Uhr) mit Jugendstilcafé.

Zoologisches Museum 07 s. S. 60. Museen der **Speicherstadt** 14 und der **HafenCity** s. S. 45.

FREILICHTMUSEEN **Museumsdorf Volksdorf** s. S. 101, **Freilichtmuseum am Kiekeberg** in den Harburger Bergen s. S. 103 und **Freilichtmuseum Rieck-Haus** s. S. 103.

Düfte der weiten Welt im Gewürzmuseum

Nicht versäumen!

ERLEBEN

Kontrastprogramm
Nicht nur inhaltlich, auch architektonisch ist das Theater „auf" Kampnagel ein Kontrastprogramm zu Hamburgs etablierten Spielstätten. Hier findet die Avantgarde aus Theater, Tanz und Performance eine Bühne und ein positiv gestimmtes, aber auch kritisches Publikum.

Siehe Nr. 02

KULTUR

Kunst über Jahrhunderte
Schon in der Architektur von Kunsthalle und Galerie der Moderne – von Neorenaissance bis innovativem Kubus – wird die Bandbreite deutlich, die den Besucher im Inneren dieser vielgestaltigen Kunsttempel erwartet.

TOPZIEL Siehe Nr. 16

KULTUR

Die so genannte angewandte Kunst
Was ist Kunst, was Kommerz? Die Grenzen sind fließend, wie das Museum für Kunst und Gewerbe deutlich macht. Eine besondere Attraktion ist der alljährliche Weihnachtsmarkt des Museums, auf dem Künstlerisches zu erwerben ist.

TOPZIEL Siehe Nr. 16

KULTUR

Irgendwann ist alles Geschichte
Von der „Hammaburg" über den Piraten Störtebeker, Hamburg als jüdische Stadt und den Wiederaufbau nach dem Desaster des Zweiten Weltkriegs – das HamburgMuseum gibt auf alle stadtgeschichtlichen Fragen Antwort.

TOPZIEL Siehe Nr. 12

ERLEBEN

Werktätigkeit gefragt
Hamburg war und ist eine Stadt der Arbeit. Und so war die Gründung eines Museums der Arbeit nur konsequent. Es ist der Arbeits- und Alltagswelt im Industriezeitalter gewidmet.

Siehe Nr. 03

Viel Spaß mit Open End

Wer nach Hamburg kommt, kann was erleben. Und das vor allem auf St. Pauli, das derzeit angesagter ist als zu Hans Albers' Zeiten. Zwischen Sexshops und Nachtclubs wuchert eine wilde Mischung aus Theater und Livemusik, Kneipen und Kaschemmen. Hier gibt's alles, nur keine Sperrstunde – was für die ganze Stadt gilt. Die Zeit braucht man auch, um nichts zu versäumen. Denn Hamburg ist Deutschlands Gourmet-Hauptstadt und die Musicalmetropole Nummer eins. Und irgendwo findet immer ein Rock-, Jazz-, Techno- oder Hiphop-Event statt.

Hamburg ist auch eine Stadt der Mode: Präsentation im „Gastwerk"

01

02

03

SPECIAL The Beatles

Der Kiez und die Beatles

St. Pauli hatte schon immer ein Herz für „populäre", eben unterhaltsame Musik. Und so begann so manche Pop-Gruppe ihre Karriere im Dunstkreis der Großen Freiheit – darunter auch eine der ganz großen.

Im August 1960 fuhr eine außerhalb der britischen Mersey-Metropole unbekannte Liverpooler Band im Minibus nach Hamburg. Sie nannten sich die Beatles und traten im „Indra" in der Großen Freiheit, im benachbarten „Kaiserkeller" und im „Top Ten Club" auf der Reeperbahn auf. Die Musik von John Lennon, Paul McCartney, George Harrison, Pete Best und Stuart Sutcliffe begeisterte, traf den Nerv der Zeit, doch erst das Engagement im 1962 eröffneten „Star Club" brachte den Durchbruch. Der steile Aufstieg zu einer der in der Popgeschichte bedeutendsten Bands begann – allerdings mit dem Schlagzeuger Ringo Starr statt Pete Best und ohne den wenig später überraschend verstorbenen Bassisten Sutcliffe. Am 1. Januar 1963 verließen die Beatles Hamburg und kamen nur noch einmal wieder: Im Juni 1966 gaben sie als mittlerweile umjubelte Weltstars zwei Konzerte in der damaligen Ernst-Merck-Halle.

Vielleicht ist es ja das, was den Reiz von St. Pauli ausmacht: Hier ist alles erlaubt. Sogar das Anständigsein. Wenn nette Ehepaare aus der Vorstadt ihren Hochzeitstag im „Café Keese" feiern, dann stört das die leichten Mädchen am Hans-Albers-Platz genauso wenig wie die schweren Jungs, die sich gerade den Schädel tätowieren lassen. Rund um die Reeperbahn gilt die große Freiheit. Und immer noch werden in den Musikclubs Trends gesetzt, wenn auch nicht ganz so spektakulär wie zur Zeit der Beatles: Der „Mojo Club" an der Reeperbahn war jahrelang richtungweisend in Sachen Dancefloor-Jazz und Pop-Literatur, und der „Golden Pudel Club" am Fischmarkt gehört zu den Wegbereitern des deutschen Hiphop.

Auch die Theaterszene boomt seit Jahrzehnten, Corny Littmann und Ernie Reinhard alias Lilo Wanders sei es gedankt. Ihr Theater hat mit der „Pension Schmidt" die erste deutsche Soap-Opera auf die Bühne gebracht. Seitdem ist in Hamburg Blödsinn gesellschaftsfähig. Ohne den Vater und die Mutter der beiden Schmidtschen Theater wäre die Reeperbahn nicht das, was sie heute ist.

St. Pauli ist Kiez, Dom und FC

Aber St. Pauli ist nicht nur der Kiez. Es ist auch ein altes Hafen- und Arbeiterviertel, ein ganz eigenes Wohnquartier. Die Menschen, die hier leben, haben eine besondere Anhänglichkeit an ihren Stadtteil entwickelt. Und da nehmen sie den nächtlichen Rummel genauso hin wie den Müll, den die Nachtschwärmer in den Straßen hinterlassen. Nur wenn dreimal im Jahr „Dom", sprich Jahrmarkt, auf dem Heiligengeistfeld ist und man als Anwohner sein Auto am besten wochenlang stehen lässt, um den Parkplatz nicht zu gefährden, dann wird auch mal gemeckert.

Die Zuschauer, die zum Millerntorstadium kommen, um den FC St. Pauli zu sehen, sind da schon eher gelitten. Schließlich steht das Viertel zu seinem Verein, egal wie tief der Abstieg auch sein mag. Dass jetzt Corny Littmann, der alte Kieztheaterhase, dem Verein als Präsident vorsteht, stärkt das Wir-Gefühl. Für echte St. Paulianer ist die schicke HSH-Nordbank-Arena im Volkspark, wo der HSV spielt, jedenfalls tabu.

Musik von House bis Jazz

Wer Pech hat, ist zur falschen Zeit am falschen Ort. Zu spät bei der Afterworkparty oder am Hafenkai, wo der Elbdampfer mit House-Beschallung gerade abgelegt hat. Zu früh in der Disko, wo es erst um ein Uhr morgens losgeht. Oder womöglich ganz und gar am falschen Ort. Denn jenseits von St. Pauli ist die Ham-

01 *Bunt ist es in der Großen Freizeit, …*
02 *… perfekt die Präsentation im „Dollhouse"*

03 *Da wird einem warm ums Herz: „Noce latina" in der „Großen Freiheit 36"*

01

02

Kampf um die Flora

Leichte Muse hat es schon immer in Hamburg gegeben – im Operettenhaus. Vor 20 Jahren änderte sich die Szene, und an der Elbe begann der Deutschland-Siegeszug des Musicals mit einem „Phantom".

Ende der 1980er-Jahre wehrte sich ein ganzer Stadtteil gegen das riesige Haus, das für das „Phantom der Oper" in seiner Mitte gebaut werden sollte. Das alternativ geprägte Schanzenviertel sah seine Identität durch einen Musicaltempel mit teuren Eintrittspreisen und dem zu erwartenden Ansturm von Menschen und Reisebussen gefährdet. Der Kampf hatte Erfolg. Die „Rote Flora" – übrigens ein ehemaliges Varietétheater von 1889 – hat sich als Hochburg der Alternativ- und Anarchoszene halten können und wurde vor dem Abriss gerettet, die „Neue Flora" wenige Kilometer weiter an der Stresemannstraße erbaut. Bei der Premiere des „Phantoms" 1990 riegelte die Polizei das gesamte Viertel mit Wasserwerfern, Panzern und Hubschraubern ab. Doch das martialische Aufgebot konnte nicht verhindern, dass ein paar Eier das Premierenpublikum erwischten. Jahrelang schlich Hamburgs Linke nur heimlich und mit schlechtem Gewissen in die „Neue Flora". Mittlerweile hat das „Phantom" ausgespielt, und die Ressentiments, die es gegen die Musicalszene gab, sind nicht erst seit der Bühnenversion des Kultfilms „Dirty Dancing" Vergangenheit.

„Dirty Dancing" scheint zeitlos zu sein

burger Szene breit gestreut. Das erspart den Stadtteilhockern weite Wege, macht aber für Besucher das Ausgehen komplizierter. Wer keinen einheimischen Partygänger zur Seite hat, sollte sich besser ein Stadtmagazin besorgen. Sonst verpasst er garantiert die wichtigsten Sachen. Und die finden nicht nur in den neueren Musiktempeln wie dem ›Schlachthof‹ im Karolinenviertel oder dem ›Hafenklang‹ an der Großen Elbstraße statt.

Selbst Oldtimer wie das „Logo" bei der Uni und die Altonaer „Fabrik" mischen noch mit, obwohl sie aus Zeiten stammen, als man Wörter wie „Kommunikationszentrum" kreierte. Und auch andere Veteranen haben sich in die Postmoderne gerettet: Im „Cotton Club" wird nach wie vor gejazzt, im „Grünspan" versammeln sich bald drei Generationen von Diskogängern und im „Café Keese" die Liebhaber von Damenwahl.

Gut gebrüllt, Löwe

Ob Oldierevuen im „Delphi", musikalische Parodien wie „Sekretärinnen" im Schauspielhaus oder Rock-Musical im „Ohnsorg Theater": Seit Jahrzehnten swingt und singt es auf Hamburger Bühnen, so wie in keiner anderen deutschen Stadt. Musiktheater, Revuen und Musicals füllen allabendlich die Säle. Am ausdauerndsten sprangen die „Katzen" im Operettenhaus auf der Reeperbahn herum. Das „Udo Jürgens Musical", das jetzt das Abba-Musical „Mamma mia" ablöst, soll, bitte schön, diesen Erfolg wiederholen.

Die Pleite des langjährigen Musicalkönigs Stella, der in der „Neuen Flora" Schiffbruch erlitt – passenderweise gab es daraufhin hier das Musical „Titanic", während heute der „Dirty Dancing" die Bühne beherrscht –, hat die Musicaleuphorie in Hamburg nur kurzfristig gedämpft. Das ist vor allem dem „König der Löwen" zu verdanken, der im Hafentheater brüllt, und das wirklich eindrucksvoll. Schon die Anfahrt mit der Barkasse über die Elbe stimmt auf das exotische Spektakel ein.

01 *„G-Move" nennt sich Hamburgs Loveparade*
02 *Von einem Jahrmarkt im Kirchenschatten zu einem Riesenrummel: Hamburger „Dom"*

01

02

03

04

Sterne am Gourmethimmel

Hamburgs Köche haben den Elbrand entdeckt, wo beim Aperitif Barkassen nach Blankenese vorbeituckern, beim Hauptgang Containerkolosse auf dem Weg nach Rio die Tische leicht erzittern lassen und beim Dessert Frachter aus Shanghai einlaufen. Wenn das Essen in den Edelrestaurants auf Dauer hält, was der grandiose Ausblick – und die Preise – versprechen, hat Hamburg zwischen Fischmarkt und Oevelgönne eine einzigartige Gourmetmeile bekommen. Und das noch, bevor der Umbau des Elbrands richtig fertig ist. Das „Rive“ im ehemaligen Englandfährterminal wurde immerhin schon ausgezeichnet.

Überhaupt: In puncto Auszeichnung ist Hamburg Spitze. Stolz werden die elf Michelinsterne-Restaurants gezählt, mit denen man die ewigen Rivalen Berlin und München geschlagen hat. So erscheint Hamburg auch in Europa immer in der Spitzengruppe der Gourmetmetropolen. Frische Produkte sind hier garantiert, vom Hafen der Fisch, aus Vierlanden das Gemüse und aus dem Alten Land das Obst. Selbst die Salzwiesenlämmer zu Ostern sind nicht weit entfernt auf den Deichen beiderseits der Elbmündung zu finden. Und was nur in der Ferne gedeiht, wird eingeflogen. Zumindest für die hochpreisigen Edellokale.

01 *Ernährungsbewusste rühmen das „Hotel Schanzenstern“*
02 *Aus einem Gaswerk wurde ein „Gastwerk“*
03 *Das „Hotel Atlantic“ ist unverändert …*
04 *… Aushängeschild der traditionellen Hotellerie in Hamburg*

01

02

SPECIAL Sport

Eine Sportstadt mit großer Zukunft

Auch beim Sport war die Handelsstadt angelsächsisch beeinflusst. Neben Fußball und den einst eher elitären Sportarten Reiten, Segeln und Tennis war Hamburg immer schon eine Hockey-Hochburg. Dieses traditionelle Angebot hat sich in den letzten Jahren allerdings enorm erweitert.

Hamburgs Sportszene ist in Bewegung. Um die neue Color Line Arena am Volkspark regelmäßig zu füllen, durfte der bankrotte Eishockey-Verein „München Barons“ als „Hamburg Freezers“ auferstehen, und das Handball-Team aus dem schleswig-holsteinischen Bad Schwartau erhielt als „HSV Handball“ höhere Weihen. Dazu gab es noch das Straßenradrennen Vattenfall-Cyclassics, die deutschen Meisterschaften im Degen-Fechten im Cinemaxx-Kino, einen Triathlon-Weltcup mit Schwimmen in der Alster, Beach-Volleyball auf dem Rathausmarkt. Es ist nicht zu übersehen: Hamburg will sich als Sportstadt weiter profilieren. Dabei konnte sich das sportliche Angebot an der Elbe schon immer sehen lassen. Die Turniere der „Masters Series“ gehören zu den bedeutendsten auf Sandplätzen für die Tennisherren der Welt. Geradezu klassisch ist seit 80 Jahren beim Spring- und Dressurderby auf dem Klein-Flottbeker Parcours das Verweigern vor „Pulvermanns Grab“. Und weht über Hamburg-Horn beim Deutschen Derby nicht ein Hauch von Royal Ascot?

Aufschlag bei den Masters Series

Exotisches von fern und nah

Chinesisch, griechisch, italienisch – das gehört in deutschen Landen schon längst zur Hausmannskost. Aber Hamburg ist Welt- und Hafenstadt, da muss eine kulinarische Entdeckungstour schon weiter gehen. So kann man denn auch von Äthiopien über Brasilien und Norwegen bis nach Russland und Tibet reisen. Und dann sind da noch die unzähligen Döner- und Falafelläden, die vielen portugiesischen Stehcafés, italienischen Caffèterias, amerikanischen Delis und französischen Bistros. In manchen Vierteln wird es langsam schwierig, zwischen „latte macchiato“, „galão“ und „orange-flavoured coffee“ einen ganz normalen Filterkaffee zu bekommen.

Und wer gar althamburgisch essen will – so etwas Exotisches wie Aalsuppe, Labskaus oder gar „Birn, Bohn un Speck“ –, der muss lange suchen. Oder am besten gleich in die Deichstraße gehen. Hier findet man hinter alten Fassaden die Gerichte, die vor zwei Generationen noch zu Hause von „Muddern“ serviert wurden.

Elegante Passagen ...

Nicht nur aus Pinneberg und Wedel kommen am Samstag die Kauflustigen in die rund 8000 Läden der City. Aus ganz Deutschland rollen Kunden an, die ihre Musical-Package-Tour mit einem Einkaufs-

01 *Edle Fischküche: „Rive“ am Fischereihafen*
02 *Ungewöhnliche Gestaltung im „Side Hotel“*
03 *Näher am Wasser geht es nicht: „Engel“ in Teufelsbrück*

01 *Im Stilwerk am Fischmarkt ist überwiegend edles Wohndesign zu finden*

02 *Man gönnt sich ja sonst nichts: Imbiss im Hanse-Viertel*

bummel verbinden. Auch viele Skandinavier nutzen das Riesenangebot der Hansestadt. Vom schlechten Wetter braucht sich dabei niemand stören zu lassen: Gänsemarktpassage, Hanse-Viertel, Europa-Passage und Hamburger Hof lassen Nieselregen draußen.

Was darf's sein? Joop, Armani, Versace? Und zwischendurch ein Glas Champagner zum Krabbencocktail? Die Passagen westlich von Rathaus und Alsterfleet, ebenso wie die Geschäfte am Neuen Wall und Jungfernstieg, sind nichts für Leute mit schmalem Geldbeutel. Nur das gute alte Alsterhaus, für Hamburger eine Institution wie für Berliner das Kaufhaus des Westens KDW, macht hier eine Ausnahme. Doch die hohen Ladenmieten – über 100 Euro der Quadratmeter – vertreiben immer mehr alteingesessene Läden. Bald wird es am Neuen Wall vor allem internationale Ketten geben, so wie jetzt schon auf der Mönckeberg- und in der Spitalerstraße.

... und verrückte Mode

Wer in Hamburg nur dunkelblaue Blazer und schwere Dufflecoats erwartet, darf sich wundern. Seit Jahren gibt es hier eine ganze Reihe junger Designer, die nicht aufgeben, das Rad neu zu erfinden. Ihre Heimat ist das eher unscheinbare Karolinenviertel, vor allem die Marktstraße. Zwischen Schlachthof und Heiligengeistfeld haben sich Labels wie „Hotel" oder „M39" entwickelt, die hemmungslos die verschiedensten Stile durcheinander wirbeln.

Wem das zu bunt wird, der kann sich in Hamburgs etabliertes kleines Modeviertel zurückziehen: nach Pöseldorf. Schließlich begann dort vor mehr als drei Jahrzehnten mit Jil Sander auch ein Newcomer.

03 *In alter Industriearchitektur: Stilwerk*
04 *Galerie Mensing in der Galleria Große Bleichen*

Diebsteich
ALTONA
Holstenstr.
Sternschanze
Schlump
Sternsch.
Dammtor
Stephanspl.
Messe-hallen
Planten un Blomen
Alter Botan. Garten
Gorch-Fock-Wall
Feldstr.
ST.PAULI
Gänsemkt.
St.Pauli
Reeperbahn
Königstr.
Palmaille
Landungsbr.
Landungsbrücken
Stdths. br.
Rödings-mkt.
Baumwall
01
02
03
04
05
Elbe
NORDER-
Blohm+Voss
Wendemuthkai
Werfthafen
Trockendock
Hafen-theater
Maßstab 1:20.000
0
300 m
42
30

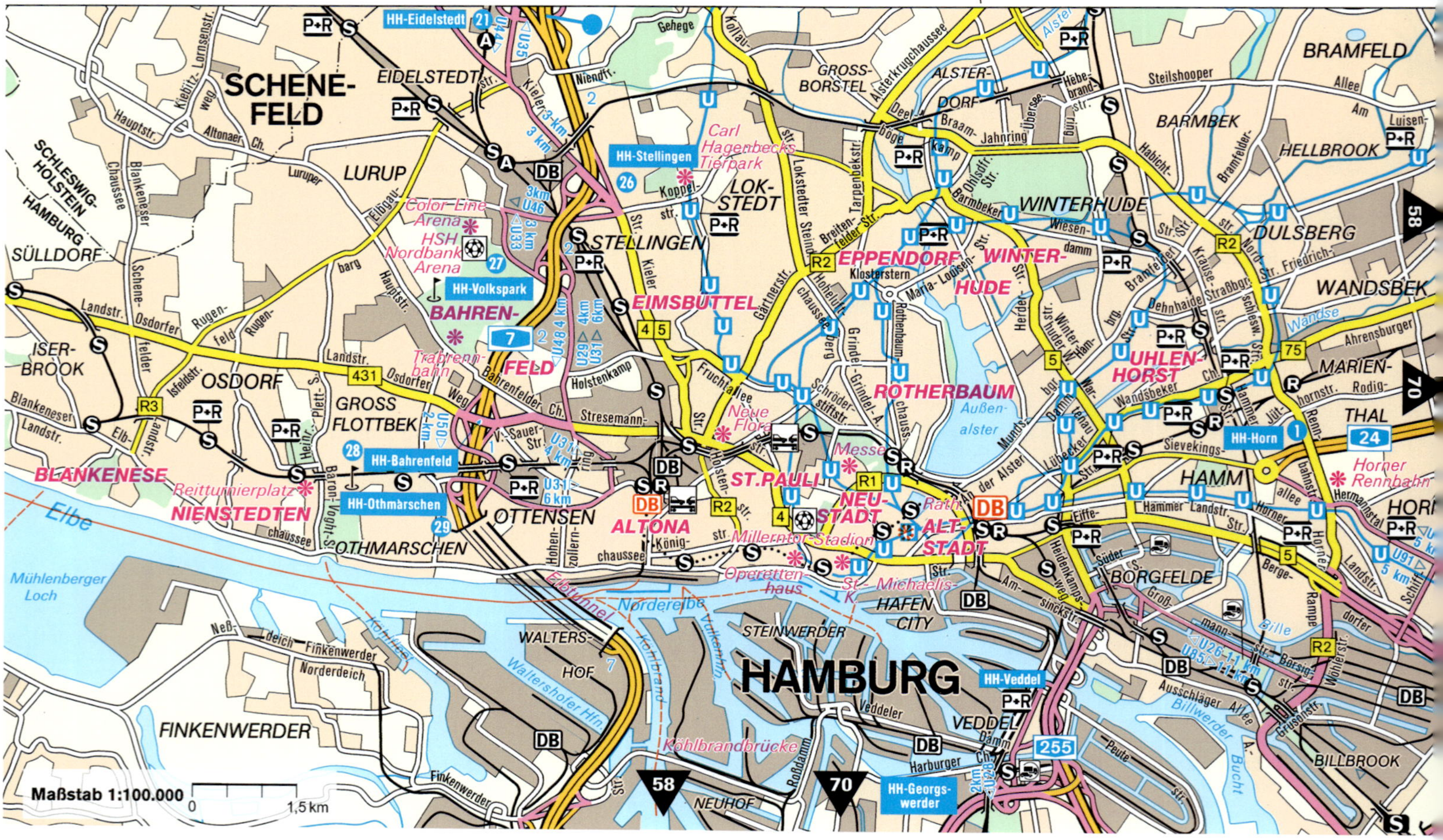

HH-Eidelstedt
SCHENE-FELD
EIDELSTEDT
LURUP
OSDORF
GROSS FLOTTBEK
BLANKENESE
NIENSTEDTEN
OTHMARSCHEN
OTTENSEN
ALTONA
ST.PAULI
STELLINGEN
EIMSBÜTTEL
BAHREN-FELD
LOK-STEDT
EPPENDORF
WINTER-HUDE
ROTHERBAUM
UHLEN-HORST
BARMBEK
BRAMFELD
DULSBERG
WANDSBEK
MARIEN-THAL
HAMM
BORGFELDE
NEU-STADT
ALT-STADT
HAFEN CITY
STEINWERDER
WALTERS-HOF
FINKENWERDER
VEDDEL
BILLBROOK
HAMBURG
HH-Stellingen
HH-Volkspark
HH-Bahrenfeld
HH-Othmarschen
HH-Horn
HH-Veddel
HH-Georgs-werder
Carl Hagenbecks Tierpark
Color Line Arena
HSH Nordbank Arena
Trabrenn-bahn
Elbe
Mühlenberger Loch
Maßstab 1:100.000
0
1,5 km
58
70

Hamburg schläft (fast) nie

Hamburg ist immer eine Reise wert. Manche kommen „nur" der Kunst wegen, manche für eine Hafenrundfahrt, busseweise trifft man sich in der Hansestadt zum Reeperbahn-Bummel oder zum Musical-Besuch. Und das kulinarische Angebot lässt sowieso keine Wünsche offen. Eines ist jedenfalls sicher, langweilen muss sich in Hamburg keiner!

ST. PAULI

Die ehem. Vorstadt zwischen Neustadt und Altona wurde lange als Hamburger Berg (heute eine Nebenstraße der Reeperbahn) bezeichnet; hier siedelte sich alles an, was innerhalb der Stadt wegen Brandgefahr, Geruchsbelästigung oder Unmoral nicht geduldet wurde (Tranbrennereien, Glashütten, Pesthof u. a.). Erst 1833 benannte man das dicht besiedelte Viertel am Hafen nach seiner Kirche. Der Amüsierbetrieb begann im 18. Jh. mit Jahrmarktbuden auf dem Spielbudenplatz. Zunächst für die Seeleute des nahen Hafens, siedelten sich Theater, Kinos, Tanzbars, Varieté an, später kamen Diskos, Großbordelle, Sex-Shops und -Shows und Spielhallen. Seit Ende der 1980er-Jahre ist St. Pauli durch mehr Musik- und Kulturangebote erneut ein beliebtes Ausgehviertel für alle geworden.

SEHENSWERT Auf der **Reeperbahn** 02 **TOPZIEL** wurden vom 17. bis 19. Jh. Schiffstaue (Reep) hergestellt; danach entwickelte sich die Straße zur Amüsiermeile mit immer neuen Attraktionen. Eine Institution ist das 1953 eröffnete „Café Keese", genauso wie die Kneipe „Lehmitz" (Nr. 22) oder „Die Ritze" (Nr. 140), wo oben an der Bar alte Pornos laufen und im Keller geboxt wird. Die Travestiebühne „Pulverfass" (Nr. 147) zog von St. Georg auf die Reeperbahn, ein Zeichen für den St.-Pauli-Boom.

Wo schon Carl Hagenbeck seine Seehunde präsentierte, hat das Vergnügen seinen Ursprung. Rechtzeitig zur Fußballweltmeisterschaft 2006 ist der früher desolate **Spielbudenplatz** 03 an der Südostecke der Reeperbahn mit zwei gegenüber liegenden Bühnen zur Event-Location umgestaltet worden, auf der gelegentlich Konzerte stattfinden. Hier sind Operettenhaus (Nr. 1; s. S. 88) und Panoptikum (Nr. 3, Tel. 310317, www.panoptikum.de; Mo.–Fr. 11.00–21.00, Sa.–24.00, So. 10.00 bis 21.00 Uhr) zu finden, „Deutschlands ältestes und größtes Wachsfigurenkabinett". Weiter westl. dann „Schmidt Theater", „Schmidts Tivoli" und seit 1841 das „St. Pauli Theater" (Nr. 24, 27 bzw. 29) sowie, Ecke Davidstraße, die berühmte **Davidwache** (1914).

Ein besonderes Stück St. Pauli ist die Esso-Tankstelle an der Taubenstraße, wo Kiez-Größen ihre Schlitten auftanken und man rund um die Uhr einkaufen kann.

Die **Herbertstraße** 04, Hamburgs Bordellstraße, ist durch einen Sichtschutz gesperrt. Jugendliche haben keinen Zutritt, und auch Neugierige werden nicht gern gesehen. Die Gasse wurde um 1900 von der Stadt zur geschlossenen Wohnanlage umgebaut, um die Prostitution besser kontrollieren zu können.

Der Inbegriff des schillernden Nachtlebens begann ganz seriös: 1611 ließ Graf von Schauenburg hier einen Bezirk mit Religionsfreiheit einrichten, um Handwerker anzusiedeln. Von den vielen nichtlutherischen Kirchen ist nur die barocke St.-Josephs-Kirche (1723) erhalten. Bekannt wurde die **Große Freiheit** 01 durch den Fritz-Käutner-Film „Große Freiheit Nr. 7" von 1944, in dem Hans Albers sein „Auf der Reeperbahn nachts um halb eins" sang, weltberühmt dann in den 1960ern durch die Beatles und den „Star-Club" (längst geschlossen). An der Stelle des berühmt-berüchtigten „Salambo" steht heute das „Dollhouse" (Nr. 11; Tel. 31796988, So.–Do. 21.00 bis 4.00, Fr. und Sa. 21.00–5.00 Uhr) mit Striptease ohne Anfassen und ohne Nepp. Altbewährt die Sex-Shows im „Safari" (Nr. 22).

Der **Hein-Köllisch-Platz** 05 ist eine lebendige St.-Pauli-Piazza mit dem „Café Geyer" und der Kneipe „Abendmahl".

Hier wählt bekannterweise die Dame: „Café Keese"

BARS, CLUBS, DISKOS

Vor allem St. Pauli, aber auch andere Stadtteile sind voller Bars, Musikclubs und Diskos. Eine Auswahl:

ST. PAULI **Angie's Nightclub,** Spielbudenplatz 27–28, Tel. 31778811; Mi.–Sa. ab 22.00 Uhr. Die Cocktailbar mit Livemusik im „Schmidts Tivoli".

Café Keese, Reeperbahn 19–21, Tel. 3199310; tgl. ab 20.00 Uhr Tanzball. Nicht nur Damenwahl, sondern auch Funk, Soul, Livemusik und ein Restaurant.

Docks, Spielbudenplatz 19, Tel. 3178830, www.docks.de; Öffnungszeiten je nach Veranstaltung. Fast alle Musikstile und große Tanzfläche; in der **Prinzenbar** Sonderprogramm unter Putten und Kronleuchtern.

Golden Pudel Club, St.-Pauli-Fischmarkt 27, Tel. 3195336, www.pudel.com; tgl. ab 22.00 Uhr. Trendsetterclub, immer voll; aber auch draußen auf der Treppe mit Hafenblick ist etwas los.

Große Freiheit 36, Große Freiheit 36, www.grossefreiheit36.de. Viel Pop, viel Party, viele Oldies, auch Livekonzerte.

Grünspan, Große Freiheit 58, Tel. 316316, www.gruenspan.de. Eine der ältesten Diskos der Stadt und immer noch lebendig.

Hafenklang, Große Elbstraße 84, Tel. 388744. Bekannt für deutschen Underground.

Havanna Bar, St.-Pauli-Fischmarkt 4. Tel. 313636. Für die Gegend ziemlich schick.

Pupasch, Landungsbrücken 3a, Tel. 311245. Remmidemmi und Flirtpartys.

NEUSTADT **Cotton Club,** Alter Steinweg 10, Tel. 343878. Eine Institution für traditionelle Jazzkonzerte.

Valentino's, Valentinskamp 40, Tel. 34105105. Bar und Disco, Promi-Treff.

EIMSBÜTTEL UND ALTONA **Birdland,** Gärtnerstraße 122, Tel. 405277. Renommierter Jazzclub in Eimsbüttel.

Logo, Grindelallee 5, Tel. 4105658. Alteingesessener Rockclub bei der Uni.

Astra-Stube, Max-Brauer-Allee 200, Tel. 43250626. Kleine Bar unter der Sternbrücke mit Partys und gut besuchten Live-Konzerten (ab 21.30 Uhr).

Tipp

Harrys Hafenbasar

Was früher die Seeleute als Souvenir mitbrachten, gibt es mittlerweile bei Harrys Tochter Karin zu kaufen: präparierte Vogelspinnen, Südseemasken und viel Tüddelkram (Kleinkram).

Balduinstraße 18/Ecke Erichstraße, Tel. 312482, www.hafenbasar.de Di.–So. 12.00–18.00 Uhr

SCHWULEN-/LESBENSZENE **Café Gnosa,** Lange Reihe 93, Tel. 243034; tgl. 10.00 bis 1.00, Fr. und Sa. bis 2.00 Uhr. Kneipenrestaurant in St. Georg mit entspannter Atmosphäre.

E.D.K., Gerhardstraße 3 (St. Pauli), Tel. 3195645; Sa. und So. ab 24.00 Uhr wird es hier hinter der Herbertstraße voll.

Café Oase, Bülaustraße 20, (St. Georg), Tel. 23519173. Kneipe mit Biergarten, gekocht wird wie bei Muttern.

Frauencafé endlich, Dragonerstall 11 (Neustadt), Tel. 351616, www.café-endlich.de; Mo. bis Fr. 16.00–24.00, Sa. ab 14.00, So. ab 9.00 Uhr. Ruhiger Treffpunkt hinter der Musikhalle im Frauenhotel Hanseatin.

Magnus-Hirschfeld-Centrum, Borgweg 8 (Winterhude), Tel. 27877800. Div. Veranstaltungen und Clubs.

MUSICALS, KABARETT

In Hamburg begann der Deutschland-Siegeszug des Musicals:

MUSICALS UND REVUEN **Imperial Theater,** Reeperbahn 5 (St. Pauli), Tel. 313114, www.imperial-theater.de. Oldie-Revuen und Krimis.

Operettenhaus, Spielbudenplatz 1 (St. Pauli), Tickets Tel. 01805/4444, www.stageholding.de. Nach „Mamma Mia!" läuft ein Udo-Jürgens-Musical.

Theater im Hafen, Überfahrt per Boot von den Landungsbrücken (St. Pauli), Tickets Tel. 08105/4444, www.stageholding.de. Nach dem guten Einstieg mit „Buddy" wird zurzeit das Erfolgsmusical „König der Löwen" gespielt.

Neue Flora, Stresemannstraße 159 (Altona), Tickets 01805/4444, www.stageholding.de. Nach „Phantom der Oper" und „Tanz der Vampire" wird jetzt das Musical „Dirty Dancing" gezeigt.

Delphi Showpalast, Eimsbütteler Chaussee 5 (Eimsbüttel), Tel. 4318600. Gastronomie-Theater mit Oldie-Revuen.

Kleines, Feines oder Schrilles fand und findet in Hamburg immer ein Publikum: „Das Schiff" oder „Schmidts" sind dafür beste Beispiele. Eine Auswahl:

THEATER, KABARETT, KLEINKUNST
Alma Hoppes Lustspielhaus, Ludolfstraße 53 (Eppendorf), Tel. 55565556, www. almahoppe.de; Kasse tgl. 11.00–19.00 Uhr. Politisches Kabarett und mehr.

Das Schiff, Holzbrücke 2 (Altstadt), Tel. 69650560, www.theaterschiff.de; Kasse Mo. bis Sa. 9.00 bis 20.00, So 14.00–20.00 Uhr. Eberhard Möbius' kleines, feines Programm im Bauch eines Schiffs.

Fliegende Bauten, Glacischaussee 4 (St. Pauli), Tel. 47110633, www.fliegende-bauten.de. Zirkus, Theater, Musik und Zauberhaftes am Heiligengeistfeld.

Kehrwieder Varieté-Theater, Kehrwieder 8 (Speicherstadt), Tel. 31186402, www.stage holding.de. Der Versuch, an Hamburgs lange Varietétradition anzuknüpfen.

Pulverfass Cabaret, Reeperbahn 147, Tel. 249791. Farbenprächtige Travestieshow als Musikrevue, mit Tanz und Man-Strip.

Schmidt Theater / Schmidts Tivoli, Spielbudenplatz 24/27 (St. Pauli), Tel. 31778899, www.tivoli.de, www.schmidts.de. Neben wechselndem Programm nach wie vor jeden Sa. 24.00 Uhr die schrille „Schmidtshow". Im größeren „Tivoli" sitzt man in Gründerzeitprunk.

St.-Pauli-Theater, Spielbudenplatz 29 (St. Pauli), Tel. 47110666, www.st-pauli-theater.de; Kasse tgl. 10.00–19.00 Uhr. Ein Stück St.-Pauli-Geschichte und 1841 als Urania-Theater eröffnet.

Royal Theater am Holstenwall, Holstenwall 19 (Neustadt), Tel. 30051450. Von Helga Feddersen gegründet, mit Comedy, Unterhaltung, Musiktheater.

Auch Hamburg hat sein Kinosterben erlebt, und die ganz Großen beherrschen auch in der Hansestadt die Szene. Dennoch blieb Raum für einige Programmkinos.

KINO **Abaton,** Grindelhof (Rotherbaum), Tel. 41320320, www.abaton.de. Traditionsreiches Programmkino an der Uni mit Restaurant und Parkplatzreservierung.

Die Europa-Passage am Ballindamm ist Hamburgs jüngste Einkaufsmeile

Cinemaxx, Dammtordamm 1 (Rotherbaum), Tel. 01805/24636299, www.cinemaxx.de. Modernstes Großkino mit Lasershow.

Metropolis, Dammtorstraße 30a (Rotherbaum), Tel. 342353, www.metropolis-hamburg.de. Programmkino, viel Originale mit Untertiteln.

Passage, Mönckebergstraße 17 (Altstadt), Tel. 324139, www.cinemaxx.de. Stilvoll renoviertes Kino.

Streit's, Jungfernstieg 38 (Altstadt), Tel. 346051, www.ufakinos.de. Ehemals das Premierenkino Hamburgs, seit 1956 in einem früheren Hotel.

Zeise, Friedensallee 7 (Ottensen), Tel. 3908770, www.zeise.de. Programmkino in einer alten Schiffschraubenfabrik mitten in Ottensen.

EINKAUFEN

Haupteinkaufsstraßen (Altstadt) sind Mönckebergstraße und Spitalerstraße mit großen Kaufhäusern und Spezialgeschäften sowie Jungfernstieg und Neuer Wall. Zu den zahlreichen edlen Passagen gehören Gänsemarktpassage, Bleichenhof, Galleria und Alte Post (Große Bleichen), Hamburger Hof und Hanse-Viertel (Poststraße), Levantehaus (Mönckebergstraße) und Europa-Passage (Ballindamm). Die meisten Geschäfte sind Mo.–Fr. 10.00–20.00 und Sa. 10.00–16.00 Uhr geöffnet.

EINIGE EINKAUFSZENTREN **Hamburger Straße** (Barmbek), U-Bahn Mundsburg,

www. itcm- immo.de. Das älteste Einkaufszentrum Hamburgs hat auf 43 000 m² eine große Auswahl.
Mercado, Ottensener Hauptstraße 10 (Ottensen), www.mercado-hh.de. Am Altonaer Bahnhof gelegenes, quirliges Zentrum, mit Marktcharakter und internationalen Imbissen.
Stilwerk, Große Elbstraße 68 (Altona), Tel. 30621100, www.stilwerk.de; Mo.-Fr. 11.00–20.00, Sa. 11.00–16.00, So. Schautag 14.00–18.00 Uhr. 28 edle Läden mit Marken rund um Design und Wohnen in der stilvoll umgebauten ehem. Mälzerei beim Fischmarkt.

MODE **Innenstadt** (Altstadt) mit internationalen Designhäusern auf Schritt und Tritt, u. a. Neuer Wall (Jil Sander, Joop!, Louis Vuitton, Escada, Laura Ashley, Max Mara, Armani, Boss, Burberry, Ferragamo), Neue ABC-Straße (Chanel), ABC-Straße (René Lazard, Strenesse, Gucci, Polo Ralph Lauren), Hohe Bleichen (Prada), Schleusenbrücke (Versace) und Mönckebergstraße (Calvin Klein). **Ladage & Oelke** (Neuer Wall 11, Altstadt, www.ladage-oelke.de) ist seit 1845 Hamburgs Herrenausstatter, mit britischem Flair und längst auch für Damen. **Unger** (Neuer Wall 35, Altstadt, www.unger.de) gilt seit mehr als 130 Jahren das Damenmodehaus mit zahlreichen Designermarken.
Pöseldorf (Rotherbaum), wo Jil Sander und Joop ihre Karrieren begannen, mit etlichen Boutiquen, u. a. Milchstraße (Uli Schneider), Mittelweg (Freilicht Mode, CMG Boutique, M. Namazian, Showroom).
Karolinenviertel (St. Pauli) mit jungen Designern und Boutiquen in der schmalen Marktstraße zwischen Schlachthof und Heiligengeistfeld (u. a. Garment, Herr von Eden, M39, Alpenglühen, Nymphenfieber, blue tabu, A-Mad, Spielhalle, Lani).

SPEZIELLE GESCHÄFTE **Antik-Center am Hauptbahnhof,** Klosterwall 9–21 (Altstadt), Tel. 326595; Di.-Fr. 12.00–18.00, Sa. 10.00 bis 16.00 Uhr. Rund 40 kleine Antiquitäten- und Trödelläden unter einem Dach in einem ehem. Blumenmarkt.
Fahnenfleck, Neuer Wall 57 (Altstadt), Tel. 32085770, www.fahnenfleck.de. 120 Jahre altes Geschäft, neben Fahnen vor allem Scherz- und Dekoartikel.
Kaffeerösterei Burg, Eppendorfer Weg 252 (Eppendorf). Eine Vielfalt selbst gerösteter Kaffees und Espressos drängen sich auf kleinstem Raum, dazu Accessoires und verführerische süße Köstlichkeiten.
Kaufrausch, Isestraße 74 (Eppendorf), Tel. 4808312, www.kaufrausch-hamburg.de; Mo. bis Fr. 11.00–19.00, Sa. 11.00–18.00 Uhr. Hamburgs kleinstes Kaufhaus mit einem extravaganten Angebot an modischem Zubehör und einer Café-Bar für die Eppendorfer Szene.

HOTELS

Rund 30000 Hotelbetten verteilen sich auf über 190 Betriebe – von der Fünf-Sterne-Herberge bis zur einfachen Pension. Hier eine Auswahl:

Preiskategorien

€€€	Doppelzimmer	über 150 Euro
€€	Doppelzimmer	50 – 100 Euro
€	Doppelzimmer	bis 50 Euro

€€€ **Louis C. Jacob,** Elbchaussee 401–403, 22609 Hamburg (Nienstedten), Tel. 822550, Fax 82255444, www.hotel-jacob.de; 66 Z., 19 Suiten, Sauna, Fahrradverleih, Sauna, Golfplatz, Reiten. Traditionsreich, elegant und mit wunderbarem Elbblick, hervorragendes Restaurant und Terrassencafé (s. Tipp).
€€€ **Side,** Drehbahn 49, 20354 Hamburg (Innenstadt), Tel. 309990, Fax 30993999, www.side-hamburg.de; 156 Z., 12 App., 10 Suiten, Sauna, Fitness, Pool, Restaurant. Designerhotel mit Lichtinstallation des New Yorker „Lichtchoreographen" Robert Wilson.
€€€ **Vier Jahreszeiten,** Neuer Jungfernstieg 9, 20354 Hamburg (Innenstadt), Tel. 34940, Fax 34942600, www.raffles-hvj.de; 123 Z., 33 Suiten, Spa, Sauna, Fitness. Seit 1897, direkt an der Binnenalster und sehr vornehm. Erstklassiges „Restaurant Haerlin".
€€€ **Atlantic,** An der Alster 72–79, 20099 Hamburg (St. Georg), Tel. 28880, Fax 247129, www.kempinski.atlantic.de; 194 Z., 58 Suiten, Sauna, Fitness, Pool, Restaurants. Grandhotel seit 1909.
€€€ **Süllberg,** Süllbergterrasse 12, 22587 Hamburg (Blankenese), Tel. 8662520, Fax 86625213, www.suellberg-hamburg.de; 11 Z. Edel und komfortabel eingerichtete Zimmer und Suiten, zum Teil mit Elbblick.
€€€ **East,** Simon-von-Utrecht-Straße 31, 20359 Hamburg (St. Pauli), Tel. 309930, Fax 30993200, www.east-hamburg.de; 122 Z., Sauna, wellness, Restaurant.
€€€ **Madison,** Schaarsteinweg 4, 20459 Hamburg (Neustadt), Tel. 376660, Fax 37666137, www.madisonhotel.de; 166 App., 12 Suiten, Spa, Fitness, Restaurant. Komfortables Apartmenthotel.
€€€ **Gastwerk,** Beim alten Gaswerk 3, 22761 Hamburg (Bahrenfeld), Tel. 890620, Fax 8906220, www.gastwerk-hotel. de; 141 Z., 3 Suiten, Sauna, Restaurant. Edle Industriearchitektur in einem ehem. Gaswerk.
€€ **Hafen Hamburg,** Seewartenstraße 9, 20459 Hamburg (St. Pauli), Tel. 311130, Fax 3111370601, www.hotel-hafen-hamburg.de; 353 Z., Restaurant. Mit schönstem Blick auf Hafen und Elbe die bekannte und deshalb viel besuchte, etwas laute Cocktail-„Towerbar" im Turm.
€€ **Nippon,** Hofweg 57, 22085 Hamburg (Uhlenhorst), Tel. 2271140, Fax 22711490, www.nipponhotel.de; 42 Z. Japanische Harmonie, sehr gutes Restaurant.
€€ **Hotel-Garni Mittelweg,** Mittelweg 59, 20149 Hamburg (Rotherbaum), Tel. 4141010, Fax 41410120, www.hotel-mittelweg.de; 30 Z. Hanseatisches Flair in einem Hamburger Stadthaus.
€ **St. Annen,** Annenstraße 5, 20359 Hamburg (St. Pauli), Tel. 3177130, Fax 31771313, www.hotelstannen.de; 36 Z., Hotelbar, idyllische kleine Gartenterrasse, Zimmer in individuellem Design ausgestattet.
€ **Galerie-Hotel Sarah Petersen,** Lange Reihe 50, 20099 Hamburg (St. Georg), Tel./Fax 249826, www.galerie-hotel-sarah-petersen.de; 5 Z., Café, Hausbar. Sehr schönes kleines Haus, zentral gelegen, individuelle Zimmer.
€ **Schümann garni,** Langenhorner Chaussee 157, 22415 Hamburg (Langenhorn), Tel. 5310020, Fax 53100210, www.hotel-schuemann.de; 45 Z. Persönlich geführtes Hotel in Flughafennähe.

Tipp

Hotel mit Kunst

Im mehr als 200 Jahre alten Hotel „Louis C. Jacob" kann man nicht nur ausgezeichnet essen, sondern auch Kunst betrachten. In den Räumen zieren rund 500 Gemälde die Wände. Auch Max Liebermann ist vertreten, der 1902 hier gewohnt und die schöne Lindenterrasse über der Elbe verewigt hat.

€ **Ökotel Hamburg,** Holsteiner Chaussee 347, 22457 Hamburg (Schnelsen), Tel. 5597300, Fax 55973099; 23 Z. und Apartments. Etwas abseits gelegenes Haus, dafür aus umweltverträglichen Materialien gebaut und mit Naturkostbuffet zum Frühstück.
€ **Reiterhof Ohlenhoff,** Ohlenhof 18, 22848 Norderstedt, Tel. 5287320, Fax 52873210, www.hotel-reiterhof-ohlenhoff.de. Vor den Toren Hamburgs im Grünen zwischen Reiterhöfen gelegen, Kinder bis 12 J. frei.
€ **Zur Kastanie,** Specksaalredder 14, 22397 Hamburg (Duvenstedt), Tel. 6076900, Fax 6076889, www.hotel-kastanie.de; 23 Z. Ehem. Hofgut im grünen Norden von Hamburg, funktional eingerichtete Zimmer.
€ **InterCityHotel,** Paul-Nevermann-Platz 17, 22765 Hamburg (Altona), Tel. 380340, Fax 38034902, www.hamburg-altona.intercityhotel.de. Zentrale Lage am Bahnhof Altona.

RESTAURANTS

Von ägyptisch bis vietnamesisch – in Hamburg sind die Küchen der ganzen Welt zu finden, auch wenn der Schwerpunkt bei Italienern, Chinesen und Griechen liegt. Eine Auswahl:

Auf dem „Karneval der Kulturen“

Preiskategorien
(für ein Hauptgericht)

€€€	fein & teuer	über 30 Euro
€€	erschwinglich	15–30 Euro
€	preiswert	bis 15 Euro

INNENSTADT, ALSTER

€€€ **Insel am Alsterufer,** Alsterufer 35 (Rotherbaum), Tel. 4501850, www.insel-am-alsterufer.de; Mo.–Fr. 12.00–14.30, 18.00–22.30, Sa. 18.00–22.30 Uhr. Internationale Küche mit Blick auf die Außenalster.

€€ **Alsterhaus,** Jungfernstieg 16; Mo.–Fr. 9.30–20.00, Sa 9.30–16.00 Uhr. Der Blick über die Binnenalster sucht seinesgleichen; und es lässt sich im Restaurant des Hamburger Traditionskaufhauses auch nur ein Kaffee trinken …

€€ **Apples,** Bugenhagenstraße 8 (Altstadt), Tel. 33321234, www.hamburg.park.hyatt.de; tgl. 6.00 bis 23.00 Uhr. Modern-elegante Atmosphäre mit offener Küche, die den Köchen bei der Zubereitung zuschauen lässt.

€€ **Calla,** Heiligengeistbrücke 4 (Altstadt), Tel. 368060, www.hamburg.steigenberger.de; Di.–Sa. 18.00–23.00 Uhr. Fernöstliches Ambiente, unaufdringlich in Szene gesetzt, Fensterplätze mit Blick auf das Alsterfleet.

€€ **Deichgraf,** Deichstraße 23 (Altstadt), Tel. 364208, www.deichgraf-hamburg.de; Mo.–Fr. 12.00 bis 15.00 und 17.30–22.00, Sa. 17.00–22.00 Uhr. Hamburger Spezialitäten und mehr am Nikolaifleet.

€ **Al Campanile,** Spadenteich 1 (St.Georg), Tel. 246738; Mo.–Fr. 12.00–15.00 und 18.00 bis 24.00, Sa. 18.00–24.00 Uhr. Kleines übersichtliches Restaurant mit moderner Einrichtung.

HAFEN, ELBE, ST. PAULI

€€€ **Tafelhaus,** Neumühlen 17 (Altona), Tel. 892760, www.tafelhaus.de; Mo.–Fr. 12.00–16.00 und 19.00–1.00, Sa. 19.00–1.00 Uhr. Trendig mit mediteranem Flair, herrlichem Blick und Gourmetkreationen.

€€ **Fischereihafen-Restaurant,** Große Elbstraße 143 (Altona), Tel. 381816, www. fischereihafen-restaurant-hamburg.de; tgl. 11.30–22.00 Uhr. Das Traditionshaus am Altonaer Fischmarkt.

€€ **Old Commercial Room,** Englische Planke 10 (Neustadt), Tel. 366319, tgl. 11.00–24.00 Uhr. Gediegene Adresse für Hamburger Küche im Schatten des „Michel“.

€€ **Bistro Rive,** Van-der-Smissen-Straße 1 (Altona), Tel. 3805919; tgl. 12.00–24.00 Uhr. Edelbistro am Fischereihafen mit Fischspezialitäten.

€€ **Henssler & Henssler,** Große Elbstraße 160 (Altona), Tel. 38699000, www.hensslerhenssler.de; Mo.–Sa. 12.00–15.00 und 18.00–23.30 Uhr. Ehem. Lagerhalle direkt an der Hafenmeile, mit guter euro-asiatische Küche und Sushi.

€€ **Landhaus Dill,** Elbchaussee 94 (Ottensen), Tel. 3904387, www.landhausdill.com; Di.–Sa. 12.00 bis 15.00 und 17.00–22.30, So. 12.00–22.30 Uhr. Ländlicher Charme, gemütliche Atmosphäre, regionale Küche.

€ **Abendmahl,** Hein-Köllisch-Platz 6 (St. Pauli), Tel. 312758; tgl. 18.00–2.00 Uhr. Gut und günstig und mitten auf St. Pauli.

€ **Museumshafen-Café** auf der ehem. Hafenfähre „Bergedorf“, Anleger Neumühlen (Altona), Tel. 397383, Di.–Sa. 12.00–22.00, So. 10.00 bis 22.00 Uhr. An Deck Elbblick, drinnen rustikale Enge. Wer will, isst nur eine Bockwurst …

ELBVORORTE

€€€ **Louis C. Jacob,** Elbchaussee 401 (Nienstedten), Tel. 822550, www.hotel-jacob.de; tgl. 12.30–14.00 und 18.30 bis 21.30 Uhr. Stilvoll an der Elbe, exzellente Küche von Sternekoch Thomas Martin.

€€€ **Landhaus Scherrer,** Elbchausse 130 (Altona), Tel. 8801325, www.landhausscherrer.de; Mo.–Sa. 12.00–15.30 und 18.30–23.00 Uhr. Traditionsreicher Gourmettempel mit überwiegend klassisch französischer Küche.

€€ **Engel** auf dem Anleger Teufelsbrück (Nienstedten), Tel. 824187, www.restaurant-engel.de; Mo.–Sa. 11.00–22.30, So. 10.00–22.30 Uhr. Unmittelbarer lassen sich gute Küche, Elbe und Schifffahrt nicht vereinbaren.

€€ **Witthüs,** Elbchaussee 499a (Blankenese), Tel. 860173, www.witthues.de; Di.–Sa. 18.30 bis 23.00 Uhr. Familiäres Ambiente unterm Reetdach, internationale Küche.

SCHANZENVIERTEL, ALTONA

€€ **Nil,** Neuer Pferdemarkt 5 (St. Pauli), Tel. 4397823, www.restaurant-nil.de; Mo. und Mi–So. 18.00–23.00/24.00 Uhr. Interessante Themen-Dinner-Abende und Themen-Kochkurse.

€ **bok,** Schanzenstraße 27 (St. Pauli), Tel. 4306780; tgl. 12.00–24.00 Uhr. Asiatische Köstlichkeiten in Räumlichkeiten wie einer Bahnhofsgaststätte.

€ **Eisenstein,** Friedensallee 9 (Ottensen), Tel. 3904606; Mo.–Sa. 11.00–2.00, So. 10.00–2.00 Uhr. Sehr gute Pizza und mehr in einer alten Fabrik.

€ **Tibet,** Harkortstieg 4 (Altona), Tel. 38611662; Mo.–Fr. 17.00–23.00, Sa. und So. 12.00–23.00 Uhr. Fernöstliche Delikatessen, etwas abgelegen.

VERANSTALTUNGEN

Hamburg ist für große und kleine Veranstaltungen gut gerüstet:

VERANSTALTUNGSORTE

Congress Centrum Hamburg (CCH), Am Dammtor/ Marseiller Straße, Tel. 35690, www.cch.de. 10 000 Plätze in 19 variabel nutzbaren Sälen für Kongresse, Konzerte und Bälle.

Color Line Arena, Schnackenburgsallee/Sylvesterallee/Hellgrundweg (Bahrenfeld). Multifunktionsarena mit bis zu 17 000 Plätzen für Konzerte und Sport. Bei Veranstaltungen Shuttle-Service ab S-Bahn Stellingen.

Markthalle, Klosterwall 9–21 (Altstadt), Tel. 339491, www.markthalle-hamburg.de. Veranstaltungszentrum, überwiegend Musik, in ehem. Markthalle am Hauptbahnhof.

Fabrik, Barnerstraße 36 (Ottensen), Tel. 391070, www.fabrik.de. 1971 wurde Deutschlands erstes „Kommunikationszentrum“ in einer 1830 errichteten ehem. Maschinenfabrik eröffnet (nahezu Neubau nach Brand 1977). Rund 300 Veranstaltungen pro Jahr (Kunstausstellungen, Rock, Pop und Jazz mit Weltgrößen).

Schlachthof, Neuer Kamp 30 (St. Pauli), Tel. 87976230, www.schlachthofhh.de. Alternatives und vor allem Musik zwischen Schanzen- und Karolinenviertel.

Die „Fabrik“ besitzt eine einzigartige Atmosphäre

Das Galoppderby in Horn säumt viel Prominenz

Die folgende Auswahl der wichtigsten jährlich wiederkehrenden Veranstaltungen hat keinen Anspruch auf Vollständigkeit. Über die jährlich wechselnden Termine sowie über zusätzliche Ereignisse geben die Tourismus-Information oder www.hamburg-magazin.de Auskunft.

FESTE, FESTIVALS UND EVENTS

März/ April Frühlings-Dom, ein Jahrmarkt auf dem Heiligengeistfeld.

April Conergy Marathon, der Hamburger Stadtmarathon (www.marathon-hamburg.de). Hamburger Lesetage mit Lesungen verschiedener Autoren in der ganzen Stadt.

Mai Hafengeburtstag, ein buntes Volksfest an den Landungsbrücken mit Fressmeile, Windjammerparade und Schlepperballett (www.hafen geburtstag.de). Japanisches Kirschblütenfest mit Feuerwerk über der Alster. Master Series, Tennisturnier der Profis am Rothenbaum.

Juni Straßenfest Altonale am Bahnhof Altona, das die Vielfalt des Stadtteils spiegelt. Generation-Move (G-Move), die Hamburger Loveparade immer am Pfingstsamstag. Christopher Street Day, der Jahreshöhepunkt für die Lesben- und Schwulen-Szene. Beachvolleyball Masters Turnier auf dem Rathausmarkt. Stuttgarter Weindorf mit Trollinger und Maultaschen auf dem Rathausmarkt. (Gleichzeitig gastiert in Stuttgart ein „Hamburger Fischmarkt".)

Juli Schlager-Move mit Roy Black statt WestBam, Marianne Rosenberg statt Marusha und ansonsten die gleiche Prozedur wie beim G-Move. Westport Jazz-Festival. Das Deutsche Galoppderby für Dreijährige auf der Horner Rennbahn ist seit 1835 sportlicher und gesellschaftlicher Höhepunkt zugleich; regelmäßiger Gast war einst Kaiser Wilhelm II.

August Sommer-Dom, ein Jahrmarkt auf dem Heiligengeistfeld. Freiluftkino auf dem Rathausmarkt – abends, draußen und umsonst. Rathauskonzerte mit klassischer Openairmusik im Innenhof des Rathauses. Schleswig-Holstein Musik-Festival – vielfältig und traditionsreich. Vattenfall Cyclassics, ein Weltcup-Radrennen für Profis und Jedermann zugleich. Alstervergnügen und Feuerwerk-Festival mit Musik und Fressmeile rund um die Alster.

September „Du und deine Welt", die traditionelle Verbrauchermesse auf dem Messegelände. Karneval der Kulturen, die multikulturellen Feiern. Hamburger Musikfest mit zeitgenössischer E-Musik.

November Winter-Dom, ein Jahrmarkt auf dem Heiligengeistfeld.

Dezember Weihnachtsmärkte beispielsweise um St. Petri in der Innenstadt und in Altona. Silvesterlauf am 31.12. rund um die Teichwiesen in Volksdorf.

Vattenfall Cyclassics auf der Köhlbrandbrücke

Nicht versäumen!

ERLEBEN

Auf der Reeperbahn nachts ...
Das Flaggschiff des Hamburger Amüsierbetriebs hat ein großes Herz. Und so wurden hier wie in den umliegenden „Kiez"-Straßen noch alle Erwartungen erfüllt. Auch, wenn es keine schummrigen Erfahrungen sein sollen, einen Blick auf diese glitzernde Welt sollte man werfen.

TOPZIEL Siehe Nr. **02**

ERLEBEN

Gut gebrüllt, Löwe
Wo sonst kann man unter drei Musicals aussuchen? Hamburgs große Spielstätten bieten immer etwas Passendes – und wenn nicht, lässt sich immer noch auf eines der kleineren Häuser ausweichen.

Siehe **Musicals**

SHOPPING

Einkaufen mit Muße
Ob es regnet oder schneit, Hamburgs Einkaufspassagen sind abwechslungsreich und zahlreich genug, um Tage zu füllen. Ob kleine Boutiquen, Spezialgeschäfte oder die bekannten Ketten – hier sind sie alle trockenen Fußes zu finden.

Siehe **Einkaufen**

ERLEBEN

Das größte Hafenfest der Welt
Was wäre Hamburg ohne seinen Hafen? Deshalb wird alljährlich in der ersten Mai-Hälfte der Hafengeburtstag gefeiert mit einem umfangreichen Programm zu Wasser natürlich, aber auch an Land und in der Luft.

Siehe **Veranstaltungen**

ERLEBEN

Riesenrad und mehr
Zweimal im Jahr bauen die Fahrgeschäfte auf dem Heiligengeistfeld einen Riesen-Jahrmarkt auf. Das Angebot reicht vom nostalgischen Kettenkarussell bis zum Hightech-Nervenkitzel.

Siehe **Veranstaltungen**

Das Grün liegt um die Ecke

Hamburg ist groß – 755 Quadratkilometer –, und Hamburg ist grün: Ein Fünftel der Fläche ist Landschaftsschutzgebiet, und es gibt fast 30 Naturschutzgebiete. Warum also in die Ferne schweifen, wenn Alsterwanderweg und Elbvororte, Stadt- und Tierpark und selbst der große Parkfriedhof in Ohlsdorf genug Wald und Wiesen bieten, um Erholung zu tanken? Doch wer Zeit hat und ins Umland fährt, der kommt der Natur noch näher: etwa im herrlichen Sachsenwald der Bismarcks oder auf einem Ausflug ins Alte Land.

Am schönsten ist es im Obstanbaugebiet Altes Land während der Baumblüte

01

Ruhestätte
der Familie
J.J.F. Müller.
1905.
Johanna
Müller
geb. Köster
Amanda Müller
Franz Müller
Friedrich Müller
Anna Müller
geb. Dresen
02

03

04

05

Wolfgang Borchert beschrieb den Ohlsdorfer Friedhof als „vögeldurchjubelten gepflegtesten Urwald der Welt, in dem die Toten ihren Tod verträumen ...“

Ein Sonntag im Sommer, die Luft ist wohlig warm – und halb Hamburg scheint auf der Autobahn A 1 zu stecken. Im Stau auf der Autobahn, in den all die geraten sind, die an die Ostsee wollen. Warum nur, denkt mancher, sind wir nicht mit dem Fahrrad in den Stadtpark gefahren, sind nicht mal wieder nach „Planten un Blomen“ gegangen oder zu „Hagenbeck“?

So nah, so gut

Hamburgs Naherholungsgebiete sind so nah, dass man sie übersehen kann – zumindest, wenn man Ausflug mit Autotour gleichsetzt. „Planten un Blomen“ zum Beispiel ist nur eine S-Bahn-Station vom Hauptbahnhof entfernt. Zugegeben, hier kann es voll werden, und die Natur ist in ordentliche Bahnen gestutzt. Aber dafür ist der Spielplatz umso origineller, sorgen Troparium und Teezeremonie für Exotik.

Weitläufiger ist da der Stadtpark in Winterhude. Anfang des 20. Jahrhunderts wollte Hamburgs rühriger Oberbaudirektor Fritz Schumacher aus dem ehemaligen Gehölz ein „Freiluft-Volkshaus“ machen – und es ist ihm gelungen. Noch heute strömt das Volk in den Park: ins Freibad, zur sommerlichen Rhododendronpracht oder nur auf die riesige Spielwiese. Einer der wenigen Schumacher-Bauten, die den Zweiten Weltkrieg überstanden haben, ist das „Landhaus Walter“ von 1912. Wohl ganz im Sinne des Erfinders gibt es hier Hamburgs größten Biergarten. Und wer keine Karten mehr für's Openairkonzert auf der Stadtparkbühne bekommen hat, der hört sich Santana, Bob Dylan oder Tina Turner entspannt auf einer der umliegenden Wiesen an – kostenlos natürlich.

Ungewöhnliche Landschaften

Noch eine Volksbelustigung hat den Zeitenwandel überstanden: „Hagenbecks Tierpark“, der weltgrößte private Zoo. 1848 hatte Fischhändler Gottfried Clas Hagenbeck auf St. Pauli ein paar Seehunde im Waschzuber vorgeführt. Das Volk staunte und zahlte, und so kam er auf die Idee, sich von Seeleuten weitere exotische Tiere mitbringen zu lassen. Sein Sohn Carl eröffnete 1907 den Tierpark in Stellingen – nachdem er sich 1896 die erste „gitterlose Freianlage“ hatte patentieren lassen. Die Tiere in naturnaher Umgebung zu halten, mittlerweile weltweit nachgeahmt, macht „Hagenbeck“ zur vielseitigen Parkanlage.

Carl Hagenbeck liegt auf dem Ohlsdorfer Friedhof begraben, so wie auch Philipp Otto Runge, Hans Albers, Gustav Gründgens, Ida Ehre und Willy Fritsch. Die Hamburger sind stolz auf ihren schönen Friedhof. Doch anders als etwa in Paris kommt man nicht, um Grabmäler berühmter Ver-

01 *Hier ist auch Platz für ruppigere Freizeitvergnügen: Football im Stadtpark*
02 *Besinnlicher ist es dagegen auf dem Ohlsdorfer Friedhof*
03 *Im Schatten des Messehotels: Japangarten in „Planten un Blomen“, ...*
04 *... beliebter Treff auch für Tangofreunde*
05 *Im Stadtparkbad fließt Alsterwasser*

01

02

03

Ursprung des Jenischparks war Voghts öffentlich zugängliche „ornamented farm".

04

SPECIAL Caspar Voght

Hanseat mit Herz

Adlige durften in der Kaufmannsstadt Hamburg nicht ansässig sein – wobei die Mitglieder der Patrizierfamilien durchaus herrschaftliches Gehabe an den Tag legten. Eine der wenigen Ausnahmen bildete Caspar Voght (1752–1839).

Auch ein hanseatischer Kaufmann kann zum Menschenfreund werden. Das zeigt das Leben des Senatorensohns Caspar Voght, eines Mannes mit weit reichenden Ideen: In Flottbek gestaltete er ein Mustergut – Reste davon bilden heute den Jenischpark – nach dem Prinzip der „rationellen Landwirtschaft". Nach englischem Vorbild verband es wirtschaftliche und sozialreformerische Ideen mit ländlichem Idyll. Einige der Landarbeiterhäuschen, die er für die Arbeiterfamilien errichten ließ, blieben am Rand des Parks erhalten, sind geschätzte Domizile. Sein beispielhaftes Konzept der Armenfürsorge führte zur Gründung der Allgemeinen Armenanstalt. Außerdem unterstützte der vielseitige Idealist das dahinsiechende Stadttheater, verfasste Prologe und stand sogar selbst auf der Bühne. Vom Kaiser in Wien 1802 wegen seiner Armenfürsorge geadelt, hatten die doch so republikanischen Hamburger somit einen leibhaftigen „Baron" in ihrer Mitte.

blichener zu besichtigen; dafür ist der Friedhof viel zu groß. Ohlsdorf ist – trotz zweier Buslinien – eine stille Parklandschaft, als „Gesamtkunstwerk Friedhof" geschaffen, die wie kein anderer Ort in der Stadt Ruhe verspricht.

Alstertal und Walddörfer

Träumen, Trödeln oder einfach nur mal die Stadt vergessen – dafür hat Hamburg viele Orte. Und kaum ein Einheimischer kennt auch nur die Hälfte. Auch die Alster hört für die meisten jenseits der Außenalster auf. Dabei schlängelt sich das Flüsschen 54 Kilometer gen Norden, bis zu seiner Quelle im Henstedter Moor. Der Alsterwanderweg verläuft zum Teil auf den alten Treidelpfaden. Hier zogen die Händler mühselig ihre beladenen Schuten den Fluss hoch. Zunächst geht es noch auf ordentlichen Wegen, dann immer mehr über Stock und Stein und Wurzelwerk, durch wildwüchsigen Wald, vorbei an Schleusen und alten Gasthöfen, kleinen Seen, Mooren und Wiesen. Einen Tag lang kann man sich so ein Stück Hamburg erwandern – und dann schließlich mit der S-Bahn zurückfahren.
Hamburgs Norden hat so viel Grün, dass ein ganzer Ortsamtsbezirk passenderweise „Walddörfer" genannt wird. Noch heute gibt es hier Bauernhäuser, Felder, Wiesen und Wälder – aber auch Golfplätze und Villengegenden. So wird vor allem im Volksdorfer Freilichtmuseum die ländliche Vergangenheit der Region hochgehalten.

Auf der Elbe nach Blankenese

Das ist wohl der schönste – und bequemste – Ausflug, den die Hansestadt zu bieten hat: mit dem Schiff von den Landungsbrücken bis nach Blankenese. Oben an Deck, die Kirchtürme der Stadt im Rücken, den Blick nach vorne auf den immer breiter werdenden Strom, so wie seit Jahrhunderten die Seeleute und Weltenbummler den Auszug aus Hamburg erleben. Vorbei an den Puppenhäuschen von Övelgönne, an den alten Seglern des Museumshafens, links die Kräne der Containerterminals, rechts immer wieder ein Blick auf die Villen an der Elbchaussee.
Von hier aus, vom Wasser, ist die Pracht von Hamburgs Nobelstraße zu erahnen. Begibt man sich dagegen mit dem Auto auf die „schönste Straße der Welt" – so der Dichter Detlev von Liliencron –, ist Enttäuschung nicht ausgeschlossen. Die Landhäuser der alteingesessenen hanseatischen Oberschicht sind meist so in ihren Parks versteckt, dass nur wenige zu sehen sind.
Und dann endlich Blankenese: weißer Strand, Straßencafés am Elbufer, ein Leuchtturm, Segelboote und über allem der steil ansteigende Hang mit seinen

01 *Blankenese, gekrönt vom Süllberg*
02 *„Willkommhöft": Wer kommt da eingelaufen?*
03 *Architektur pur: „Villa E (lbchausee) 96"*
04 *Patriziervilla Jenischhaus in ihrem Park*

01

02

SPECIAL Elbteilung

Norder- und Süderelbe

Eine illegale Eigenmächtigkeit stellte die Weichen auf Erfolg. Vergeblich versuchte das hannoversche Harburg per Reichskammergericht, aber auch mal mit Waffengewalt, den wasserbaulichen Eingriff rückgängig zu machen. Hamburg hat seitdem die Nase vorn.

Wilhelmsburg ist Europas größte Flussinsel und jenseits der Wohnsiedlungen noch sehr ländlich. Östlichster Punkt ist die Bunthäuser Spitze mit einem 1914 errichteten kleinen Leuchtturm. Auf einem reizvollen kleinen Wanderweg gelangt man zu der Stelle, von wo aus man gut erkennen kann, wie sich der Strom in Norder- und Süderelbe teilt. Ein geschichtsträchtiger Ort, denn im 18. Jahrhundert wurde hier ein für Hamburg folgenreicher Eingriff vorgenommen: Ein – im 19. Jahrhundert und 1910 immer wieder verlängerter – Leitdamm von der Inselspitze hinaus in den Fluss veränderte den Lauf der Wassermassen. Die Norderelbe, die bis dahin deutlich weniger Wasser führte als der südliche Flussarm, wurde dadurch schiffbarer – sonst wäre womöglich heute Harburg die Metropole und Hamburg ihr Trabant.

weiß gestrichenen Häuschen, mit stattlichen Villen und reetgedeckten Fischerkaten, mit Treppen und winkligen Gassen, die für Autos zu eng und für Radfahrer zu anstrengend sind. Hier, im äußersten Westen der Stadt, liegt der Süden, Hamburgs mediterrane Flaniermeile. Wo einst Fischer, Elblotsen und Seeleute lebten, erstreckt sich heute eines der schönsten – und teuersten – Viertel der Stadt.

Hamburgs Blumengarten

Hätte Käpt'n Kuddl sich nicht ein Herz genommen, der 750 Jahre alte Fährkontakt zwischen Zollenspieker und Hoopte wäre 1983 eingestellt worden. „Das wäre doch jammerschade", meinte der ehemalige Barkassenführer und übernahm die unrentabel gewordene Verbindung. Mit einem Prahm, einem von einem Schlepper gezogenen Ponton, legte er los – und wurde eins der Originale der Vierlande.
Was für das Alte Land das Obst ist, das sind für die Vier- und Marschlande Gemüse und Blumen. Auch hier erzählen die bunt und üppig ausgestatteten Kirchen und die Bauernhöfe, typisch niederdeutsche Hallenhäuser, von dem einstigen Reichtum der „Grünhöker". Mittlerweile ist das fruchtbare, von Kanälen durchzogene Elbland Deutschlands größter Produzent von Schnittblumen.

Bergedorf und Harburg

Die Vier- und Marschlande zählen zum Kreis Bergedorf. Das Städtchen an der Bille gehört seit 1867 zwar zu Hamburg, aber die Bergedorfer haben sich trotzdem ihre eigene Identität bewahrt. Wenn sie in die Innenstadt müssen, so fahren sie „nach Hamburg rein". Und auch die Hamburger kommen selten in ihr hübsches Trabantenstädtchen. Statt in die Bergedorfer Altstadt geht es lieber in den Sachsenwald, jenen urwüchsigen Wald, den Kaiser Wilhelm I. 1871 seinem Eisernen Kanzler schenkte.
Auch Harburg, südlich der Elbe, ist für viele Städter unbekanntes Land. Und so haben die meisten Hamburger kaum bemerkt, dass mit dem „Channel Harburg" bereits ein Teil der neuen HafenCity entstanden ist: Hightech-Bürohäuser zwischen alten Getreidespeichern und Kaianlagen. Harburg wird meist – auf der Autobahn A 7 – links liegen gelassen, um in die Lüneburger Heide oder den Wildpark Schwarze Berge zu fahren, alles Ausflugsziele, die nicht nur Kindern Spaß machen. Und auf dem Rückweg nach Hamburg, während die Kleinen von Kutschfahrten, Heidschnucken und Hängebauchschweinen schwärmen, hoffen die Eltern, dass ihnen der Stau im Elbtunnel erspart bleibt – sonst wird am nächsten Sonntag nur in den Stadtpark geradelt.

01 *Der Duvenstedter Brook ist ein großes Revier*
02 *Das Ahrensburger Schloss gilt als Renaissancetraum*

03 *Trachten im Volksdorfer Museumsdorf*
04 *Schafe sind nützlich bei der Deichpflege – hier an der Bunthäuser Spitze*

HAMBURG
QUICKBORN
NORDERSTEDT
BARGTEHEIDE
AHRENSBURG
Tangstedt
Ammersbek
Großhansdorf
UETERSEN
TORNESCH
PINNEBERG
Rellingen
Halstenbek
Schenefeld
WEDEL
Holm
Heist
Appen
Prisdorf
Hasloh
Bönningstedt
Ellerbek
Barsbüttel
GLINDE
Oststeinbek
REINBEK
Wentorf
Aumühle
Wohltorf
Dassendorf
Börnsen
Escheburg
GEESTHACHT
Trittau
Lütjensee
Hoisdorf
Siek
WINSEN
Stelle
Seevetal
BUCHHOLZ
BUXTEHUDE
Neu Wulmstorf
Jork
Horneburg
Apensen
Beckdorf
Hollenstedt
Rosengarten
Marschacht
Tespe
Drage
Vierlande
Altes Land
BERGEDORF
HARBURG
ALTONA
WANDSBEK
BLANKENESE
FINKENWERDER
WILHELMSBURG
Sachsenwald
01
02
03
04
05
06
07
08
09
10
11
12
13
14
15
Maßstab 1:200.000

Interessanter Umkreis

Zum Hamburger Stadtstaat gehören eine ganze Reihe von heutigen Stadtteilen, die sich eine gewisse Eigenständigkeit erhalten haben, und diverse selbstständige Orte wie Ahrensburg oder Wedel, die der Hansestadt längst zugerechnet werden. Hier kann Hamburg noch sehr ländlich wirken – die hektische Metropole ist weit entfernt.

01 AHRENSBURG

Das im 13. Jh. gegründete Dorf gehörte zum Kloster Reinfeld, bis es in den Besitz der Familie Rantzau kam, die es in einen Gutsbetrieb umwandelte. Heute ist Ahrensburg ein schleswig-holsteinischer Vorort Hamburgs.

SEHENSWERT Das **Schloss** TOPZIEL ließ sich 1596 der dänische Gesandte Peter Rantzau als Wasserburg nach Glücksburger Vorbild erbauen. Aus dieser Zeit stammen auch die Kirche und die „Gottesbuden" (Armenwohnungen) daneben. 1759 kaufte der mit kolonialem „Dreieckshandel" zu Wohlstand und Adelstitel gelangte, spätere dänische Schatzmeister Graf Heinrich Carl von Schimmelmann das Herrenhaus und stattete es so aus, wie es das **Museum adliger Wohnkultur** heute zeigt (Lübecker Straße 1, Tel. 04102/42510, www.ahrensburg.de; Di.–Do., Sa. und So. April–Sept. 11.00–17.00, sonst 11.00–15.30 Uhr).

02 WALDDÖRFER

Die von Wäldern umgebenen Dörfer gehörten seit dem Mittelalter mal zu Holstein, mal zu Hamburg. Heute zählen zu dem Wandsbeker Ortsamtsgebiet Volksdorf, Bergstedt, Wohldorf, Duvenstedt und Lemsahl-Mellingstedt.

SEHENSWERT Der **Duvenstedter Brook,** mit 7,8 km² Hamburgs größtes zusammenhängendes Naturschutzgebiet, ist Lebensraum für rund 400 Pflanzenarten, 170 Vogelarten, Rot- und Damwild (Führungen: Naturschutz-Informationshaus, Duvenstedter Triftweg 140, Tel. 6072466). Bis zur U-Bahn-Station Ohlstedt erstreckt sich das Naturschutzgebiet **Wohldorfer Wohld** (Wohldorfer Wald); „Historisch-ökologischer Erlebnispfad" nennt sich der dortige, 7 km lange Rundweg – das klingt dröge, ist aber ein wunderschöner Wanderweg unter riesigen Bäumen hindurch, vorbei an Mooren und Bächen (Anfahrt: U1 bis Ohlstedt, an der Schule Am Walde vorbei in nordw. Richtung zum Duvenstedter Triftweg).
Am idyllischen Kupferteich in **Ohlstedt** stand im 17. und 18. Jh. ein Kupferhammer zur Blechherstellung, an der Herrenhausallee steht noch das Fachwerkhaus (1750) des Besitzers. Am Mühlenteich eine Mühle von 1864. Auch das vom Alsterflüsschen durchzogene **Rodenbeker Quellental** ist Naturschutz- und Wandergebiet.
Den einstigen Alltag der Bauern und Handwerker der Region zeigt das **Museumsdorf Volksdorf**. Es entstand um drei 200 bis 300 Jahre alte niederdeutsche Hallenhäuser. Grützmühle und Schmiede wurden rekonstruiert; die Landarbeiterkate ist heute „Dorfkrug" (Im Alten Dorfe 46, Tel. 6039098; Di. bis So. 9.00–17.00 Uhr. Besichtigung der Häuser nur mit Führung April–Okt. Di.–So. 15.00 Uhr, Nov–März nur So.; im Sommer letzter Sa. im Monat 14.00–17.00 Uhr Kinderprogramm, Folklore- und Handwerksvorführungen).

03 ALSTERWANDERWEG

Der Wanderweg verläuft 37 km durch das gewundene Tal der Alster. Der Hamburger Wanderverein organisiert zwei schöne Routen: die nördliche (15 km) geht von Kayhude durch Quellgebiet und Moore, vorbei an der Wulksfelder Schleuse, durchs Rodenbeker Quellental nach Poppenbüttel. Die zweite (22 km) führt durch das Alstertal mit seinen Parks und Villen, am Westufer von Außen- und Binnenalster entlang in die Innenstadt und bis zum Hafen (Hamburger Wanderverein, Tel. 230086, Do. 15.00–18.00 Uhr, www.hamburger-wanderverein.de).

SEHENSWERT Das **Gut Wellingsbüttel** (Mitte 18 Jh.) war Sitz der Adelsfamilie von Kurtzrock, denen Wellingsbüttel 1673–1806 gehörte; im Torhaus das **Alstertalmuseum** (s. auch S. 73). Schön auch die **Mellingburger Schleuse,** wo die Alster eine Halbinsel umfließt; im gleichnamigen Restaurant gibt es regionale Spezialitäten (Mellingburgredder 1, Tel. 6024001, tgl. außer Di. 12.00 bis 23.00 Uhr).

04 OHLSDORFER FRIEDHOF

Mit 400 ha und über 300 000 Grabstätten ist er der größte Parkfriedhof der Welt, im Stil eines englischen Landschaftsgartens. Im 19. Jh. wuchs der Bedarf nach innerstädtischem Raum, die Friedhöfe um die Hauptkirchen wurden aufgelöst und 1877 durch diesen neuen ersetzt.

SEHENSWERT Die Gebeine prominenter Toter wurden auf den **Althamburgischen Gedächtnisfriedhof** verlegt – in Platz sparenden Sammelgräbern und nach Berufen sortiert. Hier liegen u.a. Alfred Lichtwark, Philipp Otto Runge und Fritz Schumacher. Weitere Prominente: Hans Albers, Wolfgang Borchert, Heinz Erhardt, Willi Fritsch, Gustaf Gründgens, Carl Hagenbeck. Am Haupteingang gibt es Orientierungskarten; hier ist auch das kleine Friedhofsmuseum zu finden (Haupteingang Fuhlsbütteler Straße/Alsterdorfer Straße, Tel. 593880, www.friedhof-hamburg. de; April–Okt. tgl. 8.00–21.00, sonst 8.00–18.00 Uhr, Museum Mo., Do. und So. 10.00–14.00 Uhr).

05 STADTPARK

Auf 149 ha erstrecken sich Wald, Wiesen, Sportplätze, Ziergärten, Planschbecken, Freilichtbühne und Biergarten (s. S. 59). Der Park wurde 1914 eröffnet und seitdem mehrfach umgestaltet. Im Stadtparksee gibt es ein ungechlortes Freibad, auf der „Liebesinsel" Bootsverleih (Tel. 2706274).

SEHENSWERT Das **Planetarium** im einstigen Wasserturm zeigt die Sterne an einer 13 m hohen Kuppel; lehrreich auch die astronomische Ausstellung (Hindenburgstraße 1, Tel. 42886520, www.planetarium-hamburg. de; Di. 9.00–16.45, Mi.–Fr. 9.00–21.00, Sa. 12.30–21.00, So. 12.30 bis 19.00 Uhr)

06 PLANTEN UN BLOMEN

Der Park (plattdeutsch für „Pflanzen und Blumen") entstand für die Gartenschau von 1935. Zusammen mit dem Alten Botanischen Garten (der Neue liegt in Klein-Flottbek) und den Großen Wallanlagen bildet er auf 45 ha einen grünen Gürtel. Beliebt der große Spielplatz und die Rollschuhbahn in den Wallanlagen, im Winter die Eisbahn.

SEHENSWERT Vor dem nordw. Eingang steht seit 1968 der dem Hamburger Physiker Heinrich Hertz gewidmete **Fernsehturm** (204 m, mit Antenne 271,5 m, Café und Drehrestaurant zzt. geschl.). Im **Parksee** von Mai bis Sept. Wasserspiele und farbige Wasserlichtkonzerte (Mai bis Aug. tgl. 22.00, Sept. tgl. 21.00 Uhr). Im **Japanischen Garten,** dem größten Europas, kann man an einer Teezeremonie teilnehmen (Info: Tel. 428544723). Das **Tropenhaus** (1963) im Bereich des Alten Botanischen Gartens (seit 1821) birgt über 2000 Pflanzenarten (März–Okt. Mo.–Fr. 9.00 bis 16.45, Sa. und So. 10.00–17.45 Uhr, Nov.–Febr.

10.00–15.45 Uhr); davor die **Mittelmeerterrassen** (beide unter Denkmalschutz). Auf der anderen Seite des Wallgrabens das idyllisch gelegene Café „Schöne Aussichten" (Gorch-Fock-Wall 4, Tel. 340113, Di.–So. ab 12.00 Uhr).
Das **Congress Centrum Hamburg** wurde 1973 eingeweiht und dokumentiert ebenso wie das 118 m hohe benachbarte Hotel den Baustil der 1960er- und 1970er-Jahre. Seine 17 Säle dienen nicht nur Kongressen, sondern auch großen Fest- und Musikveranstaltungen.

07 HAGENBECKS TIERPARK

Der 1907 eröffnete Zoo wird immer noch von der Familie Hagenbeck geführt. In der parkähnlichen Anlage **TOPZIEL** (27 ha) leben ca. 2500 Tiere aus 360 Arten. Der Zoo ist für bedrohte Arten zur wichtigen Zuchtstätte geworden, u.a. für Asiatische Elefanten und Orang-Utans.

VERANSTALTUNGEN Der Tierpark ist für seine Veranstaltungen bekannt – lange Dschungel-, romantische und fernöstliche Nächte (Sa. Mai bis Aug.). 2003 wurde der alte Jugendstileingang geschlossen; der neue liegt näher an der U-Bahn-Station (Lokstedter Grenzstraße, Tel. 54000124, www.hagenbeck.de; Winterhalbjahr 9.00–16.30, Sommer 9.00–18.00/19.00 Uhr).

08 NIENSTEDTEN

Urspr. eines der ältesten Kirchspiele Holsteins, gehört das 1297 erstmals genannte, hoch über der Elbe gelegene Dorf seit 1937 zu Hamburg.

SEHENSWERT Auf dem Friedhof der schmucken Fachwerkkirche (1751) liegen Hamburger Kaufleute und Reeder sowie Reichskanzler Brüning und die Schriftsteller Hanns Henny Jahnn und Hubert Fichte begraben. Gegenüber seit 1791 das traditionsreiche Hotel und Restaurant „Louis C. Jacob" (s. S. 89).
Der herrlich gelegene **Jenischpark** entstand Ende des 18. Jh. als Teil des Voghtschen Landguts (s. Special S. 99) und ist am schönsten erreichbar per Elbfähre (Anleger Teufelsbrück). Nachdem das Voghtsche Gut 1828 an den Senator Jenisch verkauft worden war, ließ dieser auf der höchsten Stelle des Parks ein von K. F. Schinkel inspiriertes Landhaus errichten: das **Jenischhaus** (Museum, s. S. 73). In der Nähe steht das **Ernst-Barlach-Haus** (s. S. 72).
Der 27 ha große **Neue Botanische Garten** gehört zur Universität. Interessant ist das „System",

Zeichen von Wohlstand: Prunkpforte im Alten Land

das die Pflanzen entsprechend ihrer Abstammung darstellt (Ohnhorststraße, S-Bahn-Station Klein Flottbek, Tel. 82293161; tgl. 9.00 Uhr bis ca. 11/2 Std. vor Sonnenuntergang).

ELBCHAUSSEE Von Altona bis Blankenese liegen entlang der 9 km langen Elbchaussee die feinen Vororte des Hamburger Westens. Die meisten Landhäuser an Deutschlands wohl reichster Straße entstanden im 18. Jh. und frühen 19. Jh. inmitten englischer Landschaftsgärten. Die Besitzer, überwiegend Hamburger Kaufleute, ließen die Straße 1830 als Privatstraße ausbauen; erst 1889 wurde sie gebührenfrei. Noch in den 1930er-Jahren reichten Anliegergärten bis zur Elbe; Bürgermeister Max Brauer ließ einige öffentlich zugänglich machen. Zu den bekannten Bauten gehören das Gartenhaus des Bankiers Salomon Heine, des Onkels von Heinrich Heine (Nr. 31); das weiße „Säulenhaus" Brandt (Nr. 186); das ehem. Stallgebäude „Halbmond", 1796 für den englischen Kaufmann Thornton erbaut (Nr. 228), und das „Elbschlösschen" von 1806 des Kaufmanns Baur (Nr. 372). Das Roosenhaus wird heute gesäumt von den Neubauten des Internationalen Seegerichtshofes.
Die viel befahrene Chaussee kann man auch per Bus (Linien 36, 39) kennen lernen. Für Fußgänger schöner ist der Elbuferwanderweg am Fluss entlang (Oevelgönne–Wittenbergen ca. 12 km).

09 – 10 BLANKENESE

Blankenese („weiße Landzunge"), bereits 1302 erwähnt, entwickelte sich Ende des 19. Jh. zum Villenvorort. Der 75 m hohe Süllberg, tiefe Taleinschnitte und der Elbstrand bilden eine beeindruckende Landschaft.

SEHENSWERT Das historische **Treppenviertel** von Blankenese **09** mit den einstigen Häuschen der Lotsen, Fischer und Seeleute liegt rund um das Fährhaus von 1826, seit 1868 Gasthaus („Sagebiels Fährhaus", s. S. 90). Im 1786 angelegten **Hirschpark** ein Damhirschgehege und das „Witthüs", in dem bis zu seinem Tod der Dichter Hans Henny Jahnn (1894–1959) gelebt hat, heute Café und Restaurant (Tel. 860173, Mo.–Sa. 14.00–23.00, So. ab 10.00 Uhr). Im **Baurs Park** steht das ehem. Landhaus des Kaufmanns Georg Friedrich Baur, ein klassizistischer Bau von 1836.
Am Strand entlang oder durch die höher gelegenen bewaldeten Parkanlagen erreicht man das **Falkensteiner Ufer** und den Leuchtturm von Wittenbergen (36 m). Oben, am 100 m hohen Ufer, gibt es nicht nur einen großartigen Blick über den Strom, sondern im Sven-Simon-Park auch eine Bauhausvilla. Das Landhaus birgt Puppen und Accessoires aus der Zeit von 1790 bis 1950 (s. S. 73).

UMGEBUNG In **Wedel** **10**, dem Geburtsort Ernst Barlachs (s. S. 72) mit einem Roland (1558) auf dem Marktplatz, ist beim Ausflugslokal „Schulauer Fährhaus" die Schiffsbegrüßungsanlage **Willkomm Höft** zu finden: Hier werden ein- und auslaufende Schiffe ab 500 BRT in ihrer Landessprache und durch Abspielen der Nationalhymne gegrüßt – angesichts der Tatsache, dass die Reedereien ihre meisten Schiffe ausgeflaggt und in Billigflaggenländern registriert haben, ein anachronistisches Ritual. Hier ist auch ein **Buddelschiff- und Muschelmuseum** zu finden (Tel. 04103/920016; tgl. 10.00 bis 18.00 Uhr, im Winter nur Mi., Sa. und So.).

11 ALTES LAND

Das fruchtbare Obstbaugebiet gehört zu Hamburg und Niedersachsen. Besonders schön ist eine Deichwanderung an der Lühe oder an der Este während der Obstblüte: Auf 10500 ha blühen dann die Bäumchen, 90% Apfel-, 5% Süßkirschen- und 3% Birnenbäume (Internet-Blütenbarometer: www.tourismusverband-stade. de).

SEHENSWERT In **Neuenfelde** Prunkpforten (17. Jh.) vor den Höfen Nincoper Straße 45 und Stellmacher Straße 9. In der St. Pankratiuskirche ist Arp Schnitger beigesetzt; auf seiner Orgel von 1688 werden im Sommer Konzerte gegeben. Der Hauptort **Jork** hat ein schönes Rathaus (teilweise 12. Jh.) und das „Museum Altes Land" in einem Altländer Fachwerkhaus (Westerjork 49, Tel. 04162/ 5715; April–Okt. Di.–So. 11.00–17.00, sonst Mi., Sa. und So. 13.00–16.00 Uhr). Eine Besonderheit ist die Hogendieck-Klappbrücke von **Steinkirchen;** im Ort ein alter Marktplatz, und die prächtige Kirche birgt ebenfalls eine Schnitger-Orgel. Per Hadag-Fähre erreicht man **Cranz** mit Ausflugslokalen.

12 – 13 HARBURG

Der „Brückenkopf" des Fährverkehrs zum Nordufer der Elbe erhielt bereits im 13. Jh. Stadtrecht und im 17. Jh. eine Festung, die allerdings außerhalb der Stadt lag und diese nicht schützte. Harburg, immer im Schatten Hamburgs, brachte es zu beachtlicher Industrie und einem Seehafen. Ab 1927 Großstadt, endete die Selbstständigkeit 1937 durch das Groß-Hamburg-Gesetz. Kriegswichtige Industrie hatte verheerende Bombardierungen zur Folge. Reste der Altstadt blieben noch um die Schloßstraße herum erhalten.

SEHENSWERT Am Rathausplatz mit dem **Neorenaissance-Rathaus** 13 (1892) ist das **Helms-Museum** zu finden (s. S. 73). In der **Lämmertwiete** sind noch Fachwerkhäuser aus dem 17. und 18. Jh. zu sehen (Kunsthandwerk, Gastronomie).

Fischerhaus von 1703 im Freilichtmuseum Kiekeberg

UMGEBUNG Am Rand des Moränenrückens **Naturpark Schwarze Berge** 12 mit einer stolzen Höhe von 155 m zeigt das **Freilichtmuseum am Kiekeberg** auf 12 ha das einstige Leben der Winser Marsch und der Nordheide: 28 historische Gebäude, alte Nutztierrassen, regionaltypisches Obst und Gemüse, Fischteich, Gasthof und Spielplatz werden zusammen mit vielfältigen Veranstaltungen erlebnisorientiert präsentiert (Am Kiekeberg 1, Rosengarten-Ehestorf, Tel. 7901760, www.kiekeberg-museum.de; März–Okt. Di.–Fr. 9.00 bis 17.00, Sa. und So. 10.00–18.00, sonst Di.–So. 10.00 bis 16.00 Uhr).
Nur 400 m entfernt liegt der **Wildpark Schwarze Berge** mit tollem Spielplatz, frei laufenden Hängebauchschweinen und vielen anderen Tieren (Tel. 7964233, www.wildpark-schwarze-berge.de; April bis Okt. 8.00–18.00, sonst 9.00–17.00 Uhr).

14 – 15 BERGEDORF

Zu Beginn des 12. Jh. gehörte der Ort an der Bille und einem Fernhandelsweg dem Sachsenherzog Heinrich dem Löwen. 1420 eroberten Lübeck und Hamburg Stadt und Schloss und verwalteten es gemeinsam, bis Bergedorf 1867 durch Kauf ganz zu Hamburg kam. Noch 1945 gründete K. A. Körber die Maschinenfabrik Hauni, deren Erträge in viele gemeinnützige und Kulturprojekte flossen. Schön ist die Altstadt um Alte Holstenstraße und Sachsentor.

SEHENSWERT Schloss Bergedorf 15, bis 1661 im Renaissancestil errichtet und befestigt, ist die einzige erhaltene Burg mittelalterlichen Ursprungs im Hamburger Raum (Museum, s. S. 73). Am Neuen Weg steht das wohl älteste erhaltene **Bahnhofsgebäude** Deutschlands (1842, de Chateauneuf).

UMGEBUNG Drei S-Bahn-Stationen weiter beginnt der 70 km² große **Sachsenwald,** den Otto von Bismarck (1815–1898) für seine Verdienste um die Reichsgründung von Wilhelm I. erhalten hatte. Bismarck lebte in **Friedrichsruh** bis zu seinem Tod; dort Bismarck-Museum und Mausoleum (Tel. 04104/2419; April–Okt. Di.–So. 10.00–18.00, sonst Mi., Sa. und So. 10.00–16.00 Uhr, Mausoleum nur Sa. und So.). In **Aumühle** hat die Familie von Bismarck den „Garten der Schmetterlinge" mit Wassergarten und Café angelegt (Am Schlossteich 8, Tel. 04104/6037; Mitte März–Okt. tgl. 9.00–18.00 Uhr).
Um 1200 begannen Bauern die Marschen zwischen den Elbarmen zu kultivieren; es entstand die Kulturlandschaft der **Vier- und Marschlande** mit prächtigen Häusern und Kirchen. In **Curslack** ist im **Freilichtmuseum Rieck-Haus** 14 die beeindruckende Hofanlage eines Hufners (16.–19. Jh.) erhalten (Curslacker Deich 284, Tel. 7231223; April–Sept. Di.–So. 10.00–17.00, sonst 10.00 bis 16.00 Uhr). Schön auch die Kirche von 1599. Das **Zollenspieker Fährhaus** war bis 1806 Zollstelle an der Elbquerung Richtung Lüneburg (Urspr. 13. Jh. und 1621). Seit Ende 19. Jh. ist es Ausflugslokal mit Tanzsaal, heute Gaststätte und Hotel; im barocken „Blauen Saal" Wandgemälde (Zollenspieker Hauptdeich 143, Tel. 7931330). In **Neuengamme** entstand 1938 ein Konzentrationslager, in dem 55 000 Menschen starben; heute Gedenkstätte mit Dokumentenhaus (Jean-Dolidier-Weg 39, Tel. 4289603; April–Sept. Mo.–Fr. 9.30–16.00, Sa. und So. 12.00 bis 19.00, sonst Sa. und So. 12.00–17.00 Uhr).

Einziges Schloss in Hamburger Besitz: Bergedorf

Nicht versäumen!

KULTUR

Adlige Pracht
Hamburg war immer eine Bürgerstadt und innerhalb seiner Mauern für Adelssitze kein Platz – wenn auch manche Patriziervilla Schlosscharakter zeigt. Das Renaissanceschloss Ahrensburg östlich vor den Toren ist dagegen ein „echtes" Schloss und ein wunderschönes dazu.

TOPZIEL Siehe Nr. 01

AKTIV

Einen Fluss erwandern
Hamburg liegt an der Alster, die von Norden kommend das ganze Stadtgebiet durchquert. Herrliche Wanderwege begleiten den Fluss über viele Kilometer von seiner Quelle im ländlichen Umland bis zum Hafen in der City.

Siehe Nr. 03

ERLEBEN

„Gehn wir mal zu Hagenbeck …"
Sogar ins volkstümliche Liedgut hat es Hamburgs Zoo geschafft. Seinerzeit dank erstmals zaunlos wirkender Anlagen bewundert und nachgeahmt, ist Hagenbecks Tierpark nach jüngsten Erweiterungen eine Sehenswürdigkeit ersten Ranges.

TOPZIEL Siehe Nr. 07

KULTUR

Bürgerlich kann auch feudal sein
Für ihre Landsitze war den Hamburger Kaufleuten nichts zu teuer. Kleinen Schlössern gleich säumten sie Elbchaussee und Alsterwiesen. Das Jenischhaus in seinem heutzutage jedem zugänglichen Park ist dafür das beste Beispiel.

Siehe Nr. 08

ERLEBEN

Kiekeberg
Als Kontrastprogramm zu Hamburgs Patriziervillen kann das Freilichtmuseum am Kiekeberg dienen. Der eigenen Hände Arbeit war der hier präsentierte überschaubare Wohlstand zu verdanken.

Siehe Nr. 12

HAMBURG
für Genießer

Die Elbmetropole ist seit Jahrhunderten Kaffeehauptstadt Europas. Länger besteht bereits der Fischmarkt – auf dem es auch noch, aber schon lange nicht nur Meeresgetier zu kaufen gibt. Und wenn im Alten Land die Obstblüte beginnt, gibt es für die Hanseestädter kein Halten mehr.

KAFFEE

HAMBURG IST EUROPAS *Kaffeehauptstadt*

Berlin, Bremen, München – viele Städte in Deutschland reklamieren den Titel einer deutschen Kaffeemetropole für sich. Doch wer allein die Zahl von Cafés, Kaffee Bars und Coffee-Houses addiert, bleibt nur an der Oberfläche, sieht nur den öffentlich zelebrierten Kaffeegenuss. Schließlich hat Mitteleuropa für die Zucht von Kaffeesträuchern nicht das richtige Klima, die Bohnen müssen importiert werden. Außerdem ist roher Kaffee nicht für den Genuss geeignet, erst die fachgerechte Röstung macht aus der graugrünen oder gelben Bohne den aromatisch duftenden Grundstoff für eine verführerisch duftende Tasse Kaffee.

Schon seit weit mehr als 100 Jahren ist Hamburg wichtigster europäischer Hafen für Rohkaffee-Importe aus aller Herren Länder. In einem Zeitungsbericht von 1904 über die Kaffeebörse im Hamburger Hafen heißt es: „Hamburg ist eben der größte Kaffeemarkt der Alten Welt, und die andern großen Orte, die mit Kaffee handeln, wie Havre, London, Amsterdam, kommen Hamburg gegenüber im Vertrieb nicht gleich.“ Exklusiver Kaffee von den Blue Mountains der Karibikinsel Jamaika mit seinem milden, fast süßlichen Geschmack und ostafrikanischer Hochlandkaffee werden im Hafen ebenso umgeschlagen, wie Robusta-Sorten aus Vietnam und anderen Ländern, in denen Pestizide und Chemie beim Anbau eine wesentliche Rolle spielen. Kaffeelagerei nennen sich die hochaufragenden Silos im Hafen noch heute, genauso wie früher die Speicher, in denen Schauerleute die Kaffeesäcke stapelten.

Blick hinter die (alten) Kulissen

In den modernen, klimatisierten Kaffeelagern von heute werden keine Besichtigungstouren angeboten, aber der Umbau der historischen Speicherstadt hat etwas Platz geschaffen für eine Niederlassung des Museums der Arbeit. In der einen Ecke stapeln sich Kaffeesäcke unter schweren Eichendecken, Kaffee wird gewogen und verpackt, Schaubilder und alte Fotos dokumentieren, wie der Umschlag der Kaffeeballen früher vonstatten ging. Nicht weit entfernt, auch in der Speicherstadt, demonstriert die Rösterei Speicherstadtkaffee die langsame, schonende Röstung unterschiedlicher Kaffeesorten und schenkt das dampfende Endprodukt im gemütlichen Café gleich aus. Neben der kleinen traditionellen Anlage in der Speicherstadt produzieren im Hamburg mehr als drei Dutzend Röstereien Kaffee direkt zum Verkauf und Ausschank oder für die Regale großer Discounter.

Auch in Hamburg: Coffee goes

Doch auch bei der Kaffeehaus- und Coffee-Shop-Kultur muss sich Hamburg nicht verstecken. Wie Pilze nach einem warmen Regen schießen an allen Ecken Cafés aus

Kleines 1x1 der Kaffeespezialitäten

Cafè au lait / Milchkaffee Espresso mit etwas gröber gemahlenem Pulver und längerer Brühzeit, aufgegossen mit warmer Milch, wenig Schaum. Wird oft zum Frühstück und in einer Schale serviert.

Café frappé Halbgefrorenes Erfrischungsgetränk, das im Geschmack mit verschiedenen Aromen verändert werden kann.

(Caffè) Corretto Ein Schuss Alkohol – Sambuca, Amaretto oder Grappa – „korrigieren“ Geschmack und Wirkung des Kaffees oder Espressos. Stammt aus Italien.

(Caffè) Ristretto Hochkonzentrierter Espresso, mit nur geringer Wassermenge.

Cappucchino / Melange Espresso mit mehr Wasser und einer Milchschaumhaube, die oft mit etwas Kakaopulver bestreut wird. In Österreich: Melange.

Eiskaffee Vanilleeis wird im Glas mit kaltem Espresso übergossen, dann mit geschlagener Sahne und Schokoraspeln garniert.

Espresso / Bica Heißes Wasser wird unter hohem Druck durch dunkel geröstetes und fein gemahlenes Kaffeepulver gepresst. Ergebnis ist ein kräftiger Kaffeeextrakt mit feinem Schaum (Crema). In Portugal Bica.

Espresso Macchiato Der Espresso wird mit einem Schuß heißer Milch aufgegossen.

Galão Bica (Espresso) mit heißer Milch mischen und zusammen aufschäumen. Im Glas serviert, portugiesisches Nationalgetränk.

Großer Brauner Zwei Teile Kaffee, zwei Teile Wasser, dazu Milch oder Sahne (Obers). Österreichisch.

Großer Schwarzer Zwei Teile Kaffee, zwei Teile Wasser. Als „Einspänner“ im Glas und mit Schlagsahne (Schlagobers) serviert. Österreichisch.

Irish Coffee Kräftiger, heißer Kaffee mit einem Schuss irischen Whiskey und etwas

Whiskey „wärmt“ den Geschmack beim Irish Coffee

Zucker; eine Sahnehaube krönt den Aufwärmer. Stammt vom Shannon Airport bei Limerick, Irland

Kleiner Brauner Ein Teil Kaffee, ein Teil Wasser, dazu etwas Milch oder Sahne (Obers). Österreichisch.

Kleiner Schwarzer Ein Teil Kaffee, dazu ein Teil Wasser. Österreichisch.

Latte Macchiato Besteht aus drei sichtbaren Schichten im Glas: unten heiße Milch, in der Mitte der Espresso, obendrauf geschäumte Milch.

Pharisäer Wie Irish Coffee, nur mit einem kräftiger Schuss Rum aus Flensburg. Stammt von den norddeutschen nordfriesischen Inseln.

Rüdesheimer Kaffee Wie Irish Coffee, nur mit Weinbrand. Stammt aus dem deutschen Rheingau.

Türkischer/arabischer Mokka Fein gemahlener Kaffee wird mit Zucker und Wasser in einem kleinen Kupferkännchen mit Stiel zu Kochen gebracht. In einigen arabischen Ländern und in Israel kommt noch etwas Kardamon hinzu. Ohne zu filtern wird das Heißgetränk in kleine Tassen oder Gläser abgegossen.

Wie Europa zum Kaffee kam

Nach einer Legende sollen abessinische Hirten vor über 1000 Jahren zufällig die anregende Wirkung des Kaffees entdeckt haben, nachdem ihre Tiere Bohnen vom Kaffeestrauch verspeist hatten und nicht zur Ruhe kamen. Aus Äthiopien kam der Kaffee auf die arabische Halbinsel und weiter nach Persien. Im 16. Jh. gelang dem „Türkentrank" mit der Eröffnung der ersten Kaffeeschänke in Konstantinopel, dem heutigen Istanbul, der Sprung auf den europäischen Kontinent. Als die Türken 1683 die Belagerung von Wien abbrechen mussten, ließen sie säckeweise Kaffee zurück. Diese bildeten die Grundlage für die Wiener Kaffeehauskultur. Holländische Handelsschiffe schafften im 17. Jahrhundert heimlich einige Kaffeepflanzen aus dem arabischen Raum zu ihrer Kolonie Java. Ableger brachten sie später auch zu ihrer Niederlassung Surinam im Norden Südamerikas. Von dort verbreitete sich der Anbau des Kaffeestrauches nach Brasilien, Kolumbien, Jamaika und andere tropische Länder der Region, den heutigen Hauptexportländern nach Europa.

ZUM KAFFEERÖSTEN BRAUCHT MAN GEFÜHL UND ERFAHRUNG – JENS BURG BESITZT BEIDES

ROHKAFFEE IM KAFFEEMUSEUM BURG

dem Boden. Auf einem 700 Meter langen Straßenabschnitt im Universitätsviertel, so hat eine Hamburger Tageszeitung recherchiert, bieten 18 Läden „Coffee to go" an. Die großen italienischen Marken sind in Hamburg mit eigenen Cafés präsent, natürlich das bekannteste amerikanische Unternehmen Starbucks, regionale Ketten wie Balzac und Dutzende kleiner, gemütlicher Kaffeehäuser, in denen Latte macchiato oder Galão serviert werden. Dem Deutschen Kaffeeverband, Sitz natürlich in Hamburg, ist dabei um die Zukunft nicht bang. Schließlich wächst der Kaffeekonsum der Deutschen seit Jahren, 2006 lag er bei 146 Liter pro Kopf und Jahr. Und Kaffee mit seinen vielen Röst- und Zubereitungsvarianten entwickelt sich auch in Hamburg immer mehr vom morgendlichen Aufmunterer zum trendigen Begleiter durch den Tag. So ist die Hansestadt nicht nur die wichtigste Kaffeeimportstadt, sondern auch ein bedeutender Absatzmarkt. Kein Wunder, in der Elbemetropole blickt man auf eine rund 330 Jahre alte Tradition zurück. Schließlich begrüßte in Hamburg schon 1677 das erste Kaffeehaus seine Gäste. Erstes in Deutschland war es damit freilich nicht – Bremen gebührt dieser Titel dank der verbürgten Jahreszahl 1673.

Kaffeemuseen in Hamburg

Speicherstadtmuseum In einem über 100 Jahre alten Lagerhaus zeigt das Museum wie Kaffee gelagert und bemustert wurde. Einmal im Monat Kaffeeverkostungen und spezielle Führungen.
Weitere Informationen s. S. 45

Kaffeemuseum Burg Rund 900 verschiedene Kaffeemühlen, rohe und geröstete Bohnensorten, Accessoires zum Kaffee und seinen Genuss, Informationen zu Anbau, Verarbeitung und Zubereitung.
Münsterstraße 23, Eppendorf, Tel. 040/ 55204258, www.kaffeemuseum-burg.de, Mo.–Sa. 10.00–16.00 Uhr

Die Rösterei schließt an die Tradition der einst zahlreichen Hamburger Röstereien an, röstet täglich selbst, verkauft und schenkt in seinem Kaffeehaus aus.
Mönckebergstraße 7, Tel. 040/30393735, www.die-roesterei.com, Mo.–Sa. 8.00–21.00, So. 10.00–20.00 Uhr

Die Rösterei

HAMBURGER CAFÉHAUS

Kaffeehauskultur der Jahrhundertwende

Unser Kaffee im Levantehaus röstet täglich frisch um die 40 verschiedenen Bohnen von erlesener Qualität.

Geniessen Sie die Vielfalt unserer Produkte vor Ort und entdecken Sie ihre Lieblingssorte.

Unser Internet-Bestellservice liefert innerhalb von 48 Stunden.
www.dieroesterei.com
Versand Tel.: 040 / 32 52 63 64

Die Rösterei
Mönkebergstrasse 7 (im Levantehaus)
20095 Hamburg
Tel.: 040 / 30 39 37 35

HAMBURG UND FISCH *gehören einfach zusammen*

FISCH

Zwar liegt Hamburg nicht an der Nordsee, wie viele Binnenländer vermuten, aber die seit jeher schiffbare Elbe verbindet die Hansestadt direkt mit den Weltmeeren und ihren Fanggründen. In der rekonstruierten Fischauktionshalle direkt am Hafenkai – heute ein multifunktionales Veranstaltungszentrum – wurden einst ganze Fänge von Kuttern und Trawlern versteigert. Fischauktionen gibt es auch heute noch – einige hundert Meter weiter elbabwärts und nur für Fischverarbeitungsbetriebe und den Einzelhandel. Lückenlose Kühlketten sorgen inzwischen dafür, dass selbst tropische Fische und Krustentiere, fangfrische Schwertfische oder Red Snapper per Schiff oder Flugzeug in Hamburg „unter den Hammer" kommen und vielleicht schon abends appetitlich zubereitet auf dem Teller eines Restaurantgastes liegen.

Und was die wenigsten Hamburger wissen, im Hafengebiet gibt es sogar einen „Schellfischtunnel". Die fast einen Kilometer lange, unterirdische Verbindung zwischen dem Altonaer Fischereihafen und dem Altonaer Bahnhof heißt eigentlich „Altonaer Hafentunnel". Sie wurde aber bis zu ihrer Stilllegung 1992 nur gewerblich, vor allem für den Kühltransport von Fischen genutzt. Da das ehemalige Gewerbeviertel am Hafen mit neuen Restaurants und Szenetreffs im Trend liegt, wird immer wieder über die Restaurierung und Neueröffnung des „Schellfischtunnels" nachgedacht.

„AALE, AALE!" – LAUTET DER FISCHMARKTRUF

Tradition seit 1861

Der Fischmarkt für die Bewohner fand früher – auch – am Sonntagmorgen statt, noch vor dem Kirchgang, später wurde es draußen zu warm für die Fische. Diese Tradition hat sich erhalten, und zum Fischmarkt am Hafen jeden Sonntagmorgen von 5 bis 9 Uhr (im Winter ab 7 Uhr) treffen sich Tausende, Touristen und einige Nachtschwärmer, die „durchgemacht" haben, dazu Familien, die hier von lebenden Kaninchen und meterhohen Palmen bis zum Kabeljau alles mögliche einkaufen können. In vielen Hamburger Familien hat ein wöchentliches Fischgericht noch immer Tradition. Da wundert es nicht, dass Hamburg mit einem Pro-Kopf-Verbrauch von rund 13 Kilogramm Fisch im Jahr an der Spitze aller Bundesländer liegt.

Es gibt sie noch, die Fischer

Der Anteil heimischer Fischer an dem in Hamburg verkauften Fang ist im Laufe der Jahre immer geringer geworden. Gerade sechs Kutter sind von der einst größten Fischereiflotte des Deutschen Reiches auf der Hamburger Elbinsel Finkenwerder übrig geblieben. Zunehmende Konkurrenz,

Zwei Rezepte

Ohne Meerestiere ist die regionale Küche Hamburgs nicht zu denken. Nordseekrabben und Helgoländer Hummer in vielen Variationen und der frühere „Arme-Leute-Fisch" Hering, gebraten, in Sauer oder als Matjes bereicherten schon immer die Speisekarten der Spezialitätenrestaurants. Kochfischreste wurden in Haushalten meist am Folgetag in der Pfanne als „Pannfisch" mit Senfsauce zubereitet, zu Salz- oder Bratkartoffeln. Die Scholle, der beliebteste Plattfisch, gehört mit ausgelassenen Speckwürfeln auf „Finkenwerder Art" zu den Hamburger Favoriten, die Aalsuppe hat sich von einer Restesuppe zu einer kulinarischen Spezialität gemausert.

Hamburger Aalsuppe ist ein Eintopfgericht

Hamburger Aalsuppe

Aal spielt eigentlich nicht die Hauptrolle bei der sauren Suppe, wird allerdings als willkommene Bereicherung betrachtet. Einen Schinkenknochen in offenem großen Topf köcheln, nach 90 Min. klein geschnittenes Suppengrün dazugeben und weitere 30 Min. auf dem Herd lassen. Fleisch vom Knochen lösen. Mit Pfeffer, Salz, Zucker und Essig abschmecken, mit Petersilie, Dill, Thymian, Kerbel, Majoran und Zitronenmelisse würzen. Nun das am Vortag eingeweichte Backobst hinzugeben. Von dem in einem Sud von Wasser und Weißwein gegarten Aal Kopf, Schwanzende sowie Haut entfernen, den Fisch in Stücke schneiden und zur Suppe geben.

Scholle „Finkenwerder Art"

Am besten schmeckt die junge Scholle im Mai und Juni. Kopf, Schwanz und Seitengräten abschneiden, Fisch ausnehmen. Gründlich in kaltem Wasser abspülen, mit Haushaltspapier trocken tupfen und mit Zitronensaft säuern. Speckwürfel bei mittlerer Hitze in der Pfanne auslassen, Würfel beiseite stellen. Die mit Pfeffer und Salz gewürzte Scholle in Mehl wenden und im ausgelassenen Fett von beiden Seiten goldbaun braten. Warme Speckwürfel und klein gehackten Dill darüber geben, mit Zitronenscheiden garnieren. Dazu schmeckt gut Kartoffelsalat.

leergefischte Fanggründe und Umweltprobleme in der Elbe kamen zusammen. Drei historische Segelkutter haben sich, von Stiftungen betreut, in die moderne Zeit und in Museumshäfen retten können.
Im Gebiet des Hamburger Hafens sind noch zwei Berufsfischer aktiv. Einer von ihnen ist Olaf Jensen, der in seinen Reusen und Stellnetzen Aale, Zander und Butt fängt. Seine Spezialität sind jedoch Wollhandkrabben. Die vor rund 100 Jhren von Asien nach Europa eingeschleppten Krebse werden meist als Bedrohung der heimischen Fauna angesehen. Olaf Jensen verkauft seinen Fang jedoch an chinesische Restaurants, dort gilt der Krebs als begehrte Delikatesse.
Und da die Elbe ist in den letzten Jahren wieder sauberer geworden ist, hat sich sogar der Stint zurück gewagt. In der Saison zwischen Februar und April kommen die kleinen lachsartigen Fische zum Laichen aus der Nordsee elbaufwärts. Sie werden zwischen Blankenese und Geesthacht gefangen und bereichern gebacken, gebraten, geräuchert, in der Suppe oder sauer eingelegt als lokale Spezialiät für eine kurze Zeit die Speisekarten von Fischrestaurants.

Und wenig später ziert die Scholle auf „Finkenwerder Art“ den Tisch.

Nützliche (Fisch-)Adressen

Altonaer Museum Zur Stadt und Kulturgeschichte Altonas und der norddeutschen Küstenregion gehört auch die Fischerei. Historische Schiffsmodelle, Dokumente und andere Exponate informieren zum Fisch- und Walfang der letzten 300 Jahre.
Weitere Informationen s. S. 72

Fischereihafen-Restaurant Kulinarische Institution mit regionalen Hamburger Fischgerichten, dazu feine Küche mit Fisch- und Krustentieren.
Große Elbstraße 143, Altona, Tel. 040/381816, ww.fischereihafenrestaurant.de, tgl. 11.30–22.00, Fr. und Sa. 11.30 bis 22.30 Uhr.

Goldfisch Modernes Szenebistro mit Fisch- und anderen Gerichten direkt am Isekanal, dazu Kajak- und Kanuverleih.
Isekai 1, Eppendorf, Tel. 040/57009690, www.goldfisch.de, Mo.–Fr. 12.00–23.00, Sa. und So. 10.00 bis 23.00 Uhr

Oyster Bar Nachdem der legendäre „Schümanns Austerkeller“ vor einigen Jahren schließen musste, können sich Liebhaber von Fines de Claires, Irish Donegal und Sylter Royal jetzt im Seafood Restaurand des Grand Elysee-Hotels treffen.
Rothenbaumchaussee 10, Rotherbaum, Tel. 040/41412723, www.elysee.de, Mo.–Sa. 13.00–24.00, So. 17.00 bis 24.00 Uhr

Daniel Wischer Traditions-Fischbratküche seit 1924 mit zwei Filialen im Zentrum. Nach dem Einkauf in der Mönckebergstraße geht „man“ für ein Goldbarschfilet „Orly“ oder eine Fischfrikadelle mit hausgemachtem Kartoffelsalat zu Wischer.
Spitaler Straße 12, City, Tel. 040/32525815, www.danielwischer.de, Mo.–Sa. 11.00 bis 20.00 Uhr
Steinstraße 15a, City, Tel. 040/2525795, Mo.–Sa. 11.00–16.00 Uhr

GANZ IN WEISS – *traumhafte Obstblüte*

OBST

Die Sonne scheint, es wird wärmer, der Frühling ist endgültig da. Und die schönsten Blüten blühen an den Bäumen. So scheint es jedenfalls vielen Ausflüglern, die im Mai zu Fuß oder mit dem Fahrrad über Feldwege durch die Obstplantagen des Alten Landes streifen. Über Nacht sind die Kirschblüten aufgegangen. Ein ganz feiner Duft erfüllt die Luft. Das weiße Blütenmeer, ein geradezu überirdischer Anblick, lockt jedes Frühjahr Tausende Bewunderer aus ganz Deutschland und den Nachbarländern an die Elbe.

Auf fruchtbarem Marschland zwischen Hamburg und Stade erstreckt sich auf 170 Quadratkilometern das größte geschlossene Obstanbaugebiet Deutschlands und Nordeuropas. Kirschen gedeihen hier, Äpfel, Birnen, Pflaumen und Zwetschgen. Entlang dem Obstmarschenweg zwischen Hamburg-Moorburg und Stade kultivieren 500 Obstbauern auf rund 600 Hektar Süßkirschen. Die blühen als erste, gut drei Wochen später folgen die die Apfelbäume. Insgesamt acht Millionen Obstbäume tauchen die Landschaft für Wochen in ein Meer von Blüten.

Der erste Obsthof der Region ist schon ist für das 13. Jahrhundert nachgewiesen. Um 1140 hatte der zuständige Erzbischof aus Bremen Deichbauexperten aus Holland angeheuert, um die ständige Überflutung des Landes zu verhindern. Sie errichteten entlang der Elbe Dämme und zogen dahinter Entwässerungsgräben Auch wenn manche Sturmflut im Laufe der Jahrhunderte diese Dämme überspülte, war doch so erst die Voraussetzung geschaffen worden, den tief gelegenen Boden für die Landwirtschaft zu nutzen. Der Name des bezaubernden Marschenorts Hollern-Twielenfleth mit seinen Obstplantagen, Bauernkirchen, Windmühlen und Deichen erinnert noch immer an die längst vergangene Holländerzeit. Die Obstbauern des Alten Landes beliefern heute die Großmärkte Norddeutschlands, und über die Handelsketten findet sich Altländer Obst in den Ladenregalen überall in Deutschland, und sogar in Skandinavien und Russland. Aber auch in vielen Hamburger Schulen gibt Äpfel aus dem Alten Land als „Pausenbrot“. Im Projekt „Äpfel für Schulen“ liefern Obstbauern fast 100 000 Äpfel an teilnehmende Schulen – Tendenz steigend. Damit im Mai die Obstblüten die vielen Tausend Besucher verzaubern und im Sommer pralle süße Kirschen an den Bäumen hängen, müssen Erfahrung, harte Arbeit und etwas Glück zusammen kommen. Die Obstbauern fürchten bis zuletzt späte Fröste, die aufgehende Blüten und damit die spätere Ernte empfindlich schädigen können. Über einen „Frostwecker“ werden sie alarmiert, sobald die Nachttemperatur auf zwei Grad absinkt, um sogleich Benebelungs- und Sprinkleranlagen anzuwerfen. So unglaublich es klingt – die sich dadurch bildende dünne Eisschicht ist der beste Schutz der empfindsamen Blüten.

Kurz bevor sich die Blüten entfalten, reisen Imker aus ganz Norddeutschland an, mit 4000 Bienenvölkern im Gepäck. Gut 120 Millionen Bienen sollen auf ihrem mehrwöchigen Arbeitsurlaub mit ihrem sprichwörtlichen Fleiß die Obstblüten besuchen, um deren Stempel mit Pollen zu bestäuben. Je nach Wetterlage dauert es noch zwei bis acht Tage, und das bestäubte Obst ist befruchtet.

BUTTERKUCHEN VOM BLECH ZUM KAFFEE

SO WEISS BLÜHT NUR DIE KIRSCHE – DIE APFELBLÜTE HAT EINEN LEICHTEN HAUCH VON ROSA

Nützliche Anlaufstellen

Tourismusverband Landkreis Stade/Elbe, Kirchenstieg 30, 21720 Grünendeich, Tel. 04142/813838, www.tourismusverband-stade.de

Blütenbarometer Altes Land, Tel. 04162/914755 (Tourismusinformation Altes Land/Jork), www.bluetenbarometer.de

Restaurant & Café Windmöller Selbstgebackener Kuchen im Kaffeegarten, aber auch Fleischgerichte von Galloway-Rindern und Gänsen aus eigener Zucht.
Kirchweg 3, 21720 Steinkirchen

Altländer Obsthof Nachmittags Kaffeetafel mit ausschließlich hausgebackenen Torten und Kuchen und Obst vom eigenen Hof.
Hollernstraße 97 (Obstmarschenweg), 21723 Hollern-Twielenfleth, April–Okt. tgl., sonst Do.–Mo. ab 11.00 Uhr

Auch wenn das Schauspiel der Kirschblüte jedes Jahr wiederkehrt, verlangsamen sogar die Berufspendler auf dem Obstmarschenweg hinterm Deich morgens ihre Fahrt. Die weißrosa Pracht an den Bäumen, und dazu herunter gefallene Blütenblätter, die den Boden mit einem Schimmer wie von frisch gefallenem Schnee überziehen, lässt sie gebannt innehalten. Zum Wochenende kommen Tagesausflügler aus Hamburg und Besucher von weither. Viele lassen ihre Wagen auf den Parkplätzen stehen und schlendern oder radeln durch die Traumszenerie des einzigartigen Naturschauspiels. Prächtige Höfe der Obstbauern zwischen den Feldern und an der Straße imponieren mit weiß gekalktem Fachwerk aus Eichenholz. Nicht minder beeindrucken mit Schnitzwerk dekorierte, leuchtend weiße Prunkpforten zur Straße hin. Auch in den Kaffeegärten am Elb- oder Estedeich und in den Hofcafés von Jork oder Himmelpforten ist munterer Betrieb. Zu milden Frühlingstemperaturen und Sonnenschein locken der Duft von frisch gebrühtem Kaffee und selbstgebakkenen „Blechkuchen" zur gemütlichen Rast auf einer der vielen Terrassen.

HIER DREHT SICH ALLES UM DEN APFEL

ANREISE

Auto: Hamburg ist gut über Autobahnen anzufahren. Von Süden her bietet sich die A7 an, die durch den Elbtunnel am westl. Stadtrand weiter Richtung Kiel/Flensburg führt. Vom Westen gelangt man auf der A1, die östl. Hamburg streift und weiter Richtung Lübeck verläuft, an den südl. Stadtrand und dann Richtung Zentrum.
Bahn: Hamburg ist per Bahn aus jeder Richtung gut erreichbar. Mit dem Hauptbahnhof sowie den Bahnhöfen in Harburg, am Dammtor und in Altona verfügt die Stadt über vier ICE-Bahnhöfe; in Harburg halten jedoch nicht alle Züge. InterCitys und EuroCitys vervollständigen die ausgezeichnete Schienenanbindung.
Bus: Der Zentrale Omnibus-Bahnhof (ZOB) liegt beim Hauptbahnhof. Neben regionalen Linien halten hier Fernbusse aus Skandinavien sowie aus Ost- und Südeuropa, ebenso die täglich verkehrenden Direktbusse nach Berlin.
Flugzeug: Der Flughafen Fuhlsbüttel ist relativ stadtnah. Leider wird die direkte S-Bahn-Verbindung zum Stadtzentrum frühestens 2008 eingeweiht. So lange muss man sich noch mit dem Bus (Expressverbindungen mit Hauptbahnhof 15 bis 30 Min.) oder dem Taxi begnügen.

AUSKUNFT

Allgemein: Hamburg Tourismus GmbH, Steinstraße 7, 20095 Hamburg, Tel. 040/30051300, tgl. 8.00–20.00 Uhr, www. hamburg-tourism.de.
Informationsstellen: Tourist-Information im Hauptbahnhof, Wandelhalle/Ausgang Kirchenallee, Tel. 040/30051201, April–Okt. Mo.–Sa. 8.00–22.00, So. 9.00–21.00 Uhr, sonst kürzer; CCH/Dammtor-Bahnhof, Dag-Hammarskjöld-Platz, Tel. 040/41309994, Mo.–Fr. 8.00–20.00, Sa. 10.00 bis 17.00 Uhr; Tourist-Information am Hafen, St.-Pauli-Landungsbrücken zwischen Brücke 4 und 5, Tel. 040/30051203, April–Okt. tgl. 8.00 bis 18.00, Di., Do., Fr. und Sa. bis 19.00 Uhr; Airport Office, Flughafen, Tel. 040/50751010, tgl. 6.00 bis 23.00 Uhr.

BOOTS- UND SCHIFFFAHRTEN

Alsterdampfer: Hamburg muss man per Boot oder Schiff entdecken! Die **Alsterfähren** fahren Ende März–Ende Sept. tgl. 10.15–17.15 Uhr im Stundentakt und halten an neun Anlegern: Jungfernstieg, Hotel Atlantic, Rabenstraße, Uhlenhorster Fährhaus, Fährdamm im Alsterpark, Mühlenkamp, Krugkoppelbrücke, Streekbrücke, Winterhuder Fährhaus (Fahrpreis: 1,20 € pro Anleger, ab 5 Anleger 6,00 €, Hin- und Rückfahrt 8,00 €, unter 16 Jahren die Hälfte).
Außerdem bietet die Alstertouristik eine Vielzahl

Mit einer Barkasse auf dem Zollkanal

verschiedener Touren an, vom Dämmertörn über Kanal- und Fleetfahrten bis hin zur Vierlandefahrt nach Bergedorf, die etwa 20 km weit durch den Hafen bis in die grünen Außenbezirke Hamburgs führt.
Alle Fahrten beginnen am Anleger Jungfernstieg, wo man auch Tickets bekommt (Info Tel. 3574240, www.alstertouristik.de).
Hafenrundfahrten: Entlang der St.-Pauli-Landungsbrücken warten zahlreiche Barkassen und Fährschiffe sowie zwei imitierte Schaufelraddampfer auf Kundschaft. Die größeren Schiffe bieten mehr Komfort, Getränke und Speisen, die Barkassen versprechen dafür mehr Urigkeit. Sie sind wendiger, können so auch kleinere Elbarme und die Speicherstadt befahren. Die Abfahrtszeiten richten sich nach dem Besucherandrang, lange Wartezeiten gibt es meist nicht. Im Sommer ca. 10.00–18.00 Uhr, im Winter bis zur Dämmerung. Info: Kapitän Prüsse, Brücke 3, Tel. 313130; Barkassen-Meyer, Tel. 3177370; Hadag, Tel. 3117070.
Kanu: Besonders reizvoll ist eine individuelle Kanufahrt durch die kleinen Kanäle nördl. der Außenalster – von der halbstündigen Anmietung bis zum Tagesausflug. Info und Bootsvermietung: Wüstenberg Bootslagerung, Deelbögenkamp 3, Tel. 517701; Kübi's Bootshaus, Poßmoorweg 46e, Tel. 2796741.
Segeln, Rudern: Wer einen Segelschein (DSV A, Sportboot Binnen) besitzt, kann sich eine Jolle mieten. Bootsverleih: Prüsse Segelschule, An der Alster 47 a (Ostufer), Tel. 2803131, www.pruesse.de; Bobby Reich, Fernsicht 2 (Nordende), Tel. 487824. Darüber hinaus werden rund um die Außenalster Tret- und Ruderboote vermietet, u.a. Bodos Bootssteg (Anleger Rabenstraße).
Umgebung: Wem Alster und Elbe nicht reichen, kann einen Tagesausflug nach Helgoland, Deutschlands einziger Hochseeinsel, einplanen: Der **Halunder Jet** legt tgl. um 9.00 Uhr an den St.-Pauli-Landungsbrücken ab, um 3½ Std. später Helgoland zu erreichen; die Rückkehr erfolgt um 20.00 Uhr (Förde Reederei Seetouristik, Tel. 0461/864602, www.helgoline.de). Der **Elbe-City-Jet** bringt vier Mal täglich ins Alte Land (Fahrradtransport); auch er fährt ab St.-Pauli-Landungsbrücken nach Wedel, Lühe und Stadersand (inkl. Bus nach Stade; Info-Tel. 04148/ 578986, www.elbe-city-jet.de).

FLOHMÄRKTE

Eine Auswahl regelmäßiger Flohmärkte in Hamburg. Ankündigungen anderer Flohmärkte in der aktuellen Presse, bei der Tourismus-Information, unter www.hamburg-magazin.de oder bei Scala/Kontra Tel. 5319129:
Flohdom, WalMart-Gelände, Feldstraße, (St. Pauli); an vier Sonntagen im Jahr 8.00–18.00 Uhr, Info: Kreaktiva, Tel. 04827/ 2479. Neben Trödel auch die eine oder andere Antiquität. Dank der Überdachung kann trockenen Fußes in Ruhe gestöbert werden.
Kultur- und Flohmarkt am Museum der Arbeit, Maurienstraße 19 (Barmbek); März–Okt., acht Mal im Jahr 8.00–16.00 Uhr, Info: Tel. 2702766. 6000 m2 stehen für Marktstände zur Verfügung. Sammler können hier eine Mischung aus Trödel, Secondhand und Hausrat finden und den Flohmarktbesuch gut mit einem Abstecher in das Museum verbinden.
Antik- und Sammlermarkt auf Kampnagel, Jarrestraße 20 (Winterhude); an zwei bis vier Wochenenden im Jahr (Info: Tel. 2702766). Liebhaber für die zweite Hand kommen hier auf ihre Kosten. Von Arts & Crafts bis zu Louis Philippe, von Schmuck bis zu Möbeln.

FUNDSACHEN

Zuständig für alle Fundsachen einschließlich der in Nahverkehrsmitteln gefundenen Gegenstände ist das Zentrale Fundbüro (Bahrenfelder Straße 254, 22765 Hamburg, Tel. 428113501, Mo. 9.00 bis 16.00, Di. und Mi. 9.00–13.00, Do. 9.00–13.00 und 14.00–18.00, Fr. 9.00–12.00 Uhr).

FUSSBALL

Das neue Stadion des **Hamburger Sportvereins** im Altonaer Volkspark nennt sich nach dem Sponsor **HSH Nordbank Arena** (Sylvesterallee,

S-Bahn Stellingen) und ist eines der modernsten und schönsten Deutschlands. Der **FC St. Pauli** spielt im Stadion am **Millerntor** (U-Bahn St. Pauli oder Feldstraße), dessen Neubau sich noch eine Weile hinziehen wird. Trotzdem ist die Stimmung bei den Spielen stets feuchtfröhlich und ausgelassen.

JUGENDHERBERGEN

JH Stintfang, Alfred-Wegener-Straße 5, Tel. 040/313488, jh-stintfang@djh.de, www.jugendherberge.de. Von der Lage her unschlagbar direkt an den Landungsbrücken, mit Blick über den Hafen. Unbedingt anmelden!

Jugendgästehaus Horner Rennbahn, Rennbahnstraße 100, Tel. 040/6511671, jgh-hamburg@t-online.de, www.jugendherberge.de. Etwas weiter außerhalb im östl. Teil Hamburgs. Sehr preisgünstig.

KINDER

In Hamburg gibt es eine Menge Aktivitäten für Kinder. Ein Klassiker ist **Hagenbecks Tierpark** (s. S. 106). Attraktiv ist auch der **Dom,** das große Volksfest; im Frühjahr, Sommer und Herbst verwandelt sich das Heiligengeistfeld auf St. Pauli für jeweils vier Wochen in einen riesigen Jahrmarkt, wo von Karussells bis Zuckerwatte alles geboten wird, was Kindern Spaß macht (tgl. ab 15.00 Uhr, s. S. 91). Im Park **Planten un Blomen** (s. S. 105) findet von Mai bis Aug. ein Kinder-Sommerprogramm statt (Info: Bezirksamt Hamburg-Mitte, Tel. 428244723); außerdem einer der größten Spielplätze der Stadt, Wasserspiele und eine Rollschuh- bzw. Eislaufbahn. Raum zum Spielen bietet auch der **Wildpark Schwarze Berge** (s. S. 103). Im **Stadtpark** (s. S. 105) gibt es außer dem Spielplatz noch Planschteich, Freibad und das Planetarium. Für Regentage eignen sich gut das **Theater für Kinder** (s. S. 71), das **Miniatur Wunderland** (s. S. 45) und das **Zoologische Museum** (s. S. 60). Der Museumspädagogische Dienst bietet auf Kinder zugeschnittene Führungen durch verschiedene Hamburger Museen an. Beispielhaft ist die Hamburg Kunsthalle mit ihrer **KinderZeit**, die Eltern einen Museumsbesuch ermöglicht, während die Kinder (4–12 Jahre) sich bei einem Kunstpädagogen verwirklichen (Sa. 14.00–17.00 Uhr, Info: Tel. 428131213). Weiteres s. auch unter dem Stichwort „Sport“.

Alle lieben Hängebauchschweine: Schwarze Berge

Daten und Fakten

Einwohner: Mit 1,744 Mio. Einwohnern ist Hamburg nach Berlin zweitgrößte deutsche Stadt. Die Anzahl von Bürgern mit ausländischem Pass liegt bei rund 248 000, das entspricht einem Anteil von rund 14,2 %. Knapp 16 % der Bevölkerung sind jünger als 18 Jahre, gut 24 % dagegen 60 Jahre und älter. Zur Metropolregion Hamburg mit 4,2 Mio. Menschen zählen Teile Schleswig-Holsteins und Niedersachsens.

Stadtgebiet: Das Stadtgebiet umfasst 755,2 km². (Metropolregion 19 801 km²) Die Nord-Süd-Ausdehnung beträgt ebenso wie die Ost-West-Ausdehnung rund 40 km. Die höchste Erhebung (116 m) liegt in den Harburger Bergen. 16,7 % des Stadtgebiets bestehen aus Grünflächen, 8,1 % aus Wasserflächen; die größte davon ist die Außenalster mit 1,64 km². 60,2 km² Fläche (8 %) sind als Naturschutzgebiete ausgewiesen, 146,6 km² (19,4 %) als Landschaftsschutzgebiete. Ca. 2400 Brücken überspannen die zahlreichen Wasserläufe, die große Teile der Stadt durchziehen, rund 215 000 Straßenbäume sorgen für Sauerstoff. Eine Besonderheit sind die zum Bezirk Mitte zählenden Inseln Scharhörn und Neuwerk, etwa 100 km von der Stadt entfernt vor der Elbmündung in der Nordsee.

Verwaltung: Hamburg ist ein Bundesland der Bundesrepublik Deutschland und damit Stadtstaat. Der Ministerpräsident nennt sich „Erster Bürgermeister“, die Regierung „Senat“ und das Landesparlament „Bürgerschaft“.
Das Stadtgebiet ist in sieben Bezirke unterteilt: Harburg und Bergedorf, südl. der Elbe, sind mit 160 km² bzw. 154 km² die flächenmäßig größten; der Bezirk Hamburg-Mitte umfasst als schmaler Streifen in Ost-West-Richtung die Gebiete links und rechts der Elbe; die vier nördlich des Stroms gelegenen Bezirke Altona, Eimsbüttel, Hamburg-Nord und Wandsbek sind mit 27 und 49 Einw. pro ha am dichtesten besiedelt.

Wirtschaft: Das Hamburger Bruttoinlandsprodukt belief sich 2001 auf 80 Mrd. Euro. Von den gut 1,05 Mio. Arbeitsplätzen stellen 29,4 % Handel, Gastgewerbe und Verkehr, 28,4 % öffentliche und private Dienstleister, 15,8 % das produzierende Gewerbe einschl. Bauwirtschaft. Rund 260 000 Menschen sind Pendler aus dem Umland.
Große Arbeitgeber sind der Hafen, der seit Jahren steigende Rekordumsätze produziert, mit all seinen Zulieferern, und die Luftfahrtindustrie mit der Lufthansawerft und der Airbus AG in Finkenwerder – Hamburg ist nach Seattle und Toulouse weltweit drittgrößter Standort der Flugzeugindustrie. Wichtig ist der Bankensektor mit fast 170 Kreditinstituten.
Auch die Medienindustrie bildet einen Schwerpunkt: Es gibt etwa 10 800 Werbeagenturen, Film- und Fernseh-Gesellschaften, Musikverlage und Zeitungs- und Zeitschriftenverlage. Rund 70 % aller deutschen Tonträger und jedes zweite in Deutschland gelesene Blatt werden hier produziert, darunter 16 der 20 auflagenstärksten Zeitschriften (Verlage u. a. Gruner + Jahr, Springer, Heinrich-Bauer, Spiegel). Rund um die Filmwirtschaft gruppieren etwa 1000 Firmen; Zentrum der Szene ist das Studio Hamburg in Tonndorf. Von den zehn erfolgreichsten Werbeagenturen Deutschlands kommen fünf aus Hamburg – Springer & Jacoby, Scholz & Friends und Jung von Matt u. a.; insgesamt widmen sich rund 3540 Agenturen der Werbung. Die Informationstechnologie ist mit 7280 Betrieben ein weiterer Wachstumsbereich.
Auch als Messe-Standort hat Hamburg überregionale Bedeutung, der mit dem Neubau von vier weiteren Hallen und einer Aufstockung der Fläche von 65000 m² auf 85000 m² beim Dammtor Rechnung getragen wird.

Klima: „Hamburger Schmuddelwetter“ bedeutet grauer Himmel, Nieselregen und Gegenwind. Statistisch gesehen ist mindestens jeder dritte Tag in der Hansestadt ein Regentag. Auf der anderen Seite: Hamburg hat Sonnenstunden wie München. Die sommerlichen Tagestemperaturen liegen im Durchschnitt bei 22 °C, im Winter deutlich über 0 °C.

NOTDIENSTE

Polizei Tel. 110
Feuerwehr, Rettungsdienst Tel. 112
Ärztlicher Notdienst Tel. 228022
Zahnärztlicher Notdienst Tel. 01805050518
Apotheken-Notdienst Tel. 228022; ein Notdienstplan hängt bei jeder Apotheke aus

ÖFFENTLICHER NAHVERKEHR

Das **Nahverkehrsnetz** des HVV (Hamburger Verkehrsverbund, www.hvv.de) ist mit einer Gesamtlänge von rund 2220 km sehr gut ausgebaut

Tipp

Mit dem HVV auf die Elbe

Was einst für die Hafenarbeiter gedacht war, wird auch gern von Ausflüglern genutzt: die Linienschiffe der HADAG. Man kann sie mit einer normalen HVV-Karte benutzen. Besonders lohnend ist die Fahrt mit der Linie 62 nach Finkenwerder und weiter nach Teufelsbrück mit der Linie 64. Von dort kann man nach Blankenese fahren (April–Sept. auch direkt von den Landungsbrücken) und weiter ins Alte Land. An Bord bietet sich ein herrlicher Blick auf die Elbvororte. Fahrräder können jederzeit mitgenommen werden. Ab Teufelsbrück muss allerdings zum HVV-Schein zugezahlt werden. Abfahrt an der Landungsbrücke 2, am Fischmarkt, im Museumshafen Övelgönne (Fahrplanauskünfte beim HVV, Tel. 19449, Fahrkartenautomaten an den Anlegern sowie auf den Schiffen).

und reicht an vielen Stellen weit über die Stadtgrenzen hinaus. Es verfügt über 258 Bahn-, Bus- und Schiffslinien mit 3294 Haltestellen. S- und U-Bahnen verkehren etwa von 5.00 bis 1.00 Uhr in der Regel im 5- bis 10-Minuten-Takt; erst nach 22.00 Uhr werden die Zeitabstände länger. Zwischen 1.00 und 5.00 Uhr sind Nachtbuslinien im Einsatz. Sa. und So. verkehren die U- und S-Bahnen sowie viele Busse rund um die Uhr.

Fahrkarten gibt es an den Automaten in jeder U- und S-Bahn-Station, ebenso eine Tarifübersicht, die den Tarif für das gesuchte Ziel angibt. Im Bus wird das Ticket beim Fahrer gelöst.

Für Touristen bieten sich **Tageskarten** an: Ganztageskarte (1 Erw. und bis zu 3 Kinder unter 15 Jahren: 5,80–14,30 €); 9-Uhr-Tageskarte (1 Erw. und bis zu 3 Kinder unter 15 Jahren, gültig ab 9.00 Uhr: 4,90–12,50 €); Drei-Tageskarte (1 Person, drei Tage lang gültig: 14,40 €); Gruppenkarte (bis zu 5 Personen beliebigen Alters, gültig ab 9.00 Uhr: 8,10–19,90E).

Besitzer der **Hamburg Card** (s. Tipp.) müssen sich nicht mehr um die Fahrkartenbeschaffung kümmern, sie haben freie Fahrt im gesamten Großbereich des HVV.

RADFAHREN

Hamburg ist eine Stadt, die sich gut zum Fahrradfahren eignet. Es gibt kaum Steigungen sowie ein akzeptables Netz aus Radwegen, zum Beispiel rund um die Alster oder am Elbufer bis nach Wedel, an den vielen Kanälen entlang oder durch die zahlreichen Parks der Stadt. Aber auch der Innenstadtbereich oder der Hafen bieten keine nennenswerten Probleme.

Bahn, Bus und Schiff: Die Mitnahme von Fahrrädern ist auf den Hafenfähren immer möglich, im S- und U-Bahnnetz fast immer außer Mo.–Fr. 6.00–9.00 und 16.00–18.00 Uhr, in Bussen Mo. bis Fr. tagsüber und kostenlos.

Kartografie: Einen aktuellen „Radatlas Hamburg" gibt es beim Allgemeinen Deutschen Fahrrad-Club (ADFC), Postfach 702108, 22021 Hamburg, www.hamburg.adfc.de.

Fahrradverleih: Fahrradverleih am Hauptbahnhof, Tel. 391850475; Fahrradverleih Altona, Thadenstraße 90, Tel. 4392012; Fahrradstation Rotherbaum, Schlüterstraße 11, Tel. 41468277; Fahrradladen St. Georg, Schmilinskystraße 16, Tel. 243908; Rad & Tat, Am Felde 2 (Ottensen), Tel. 395667.

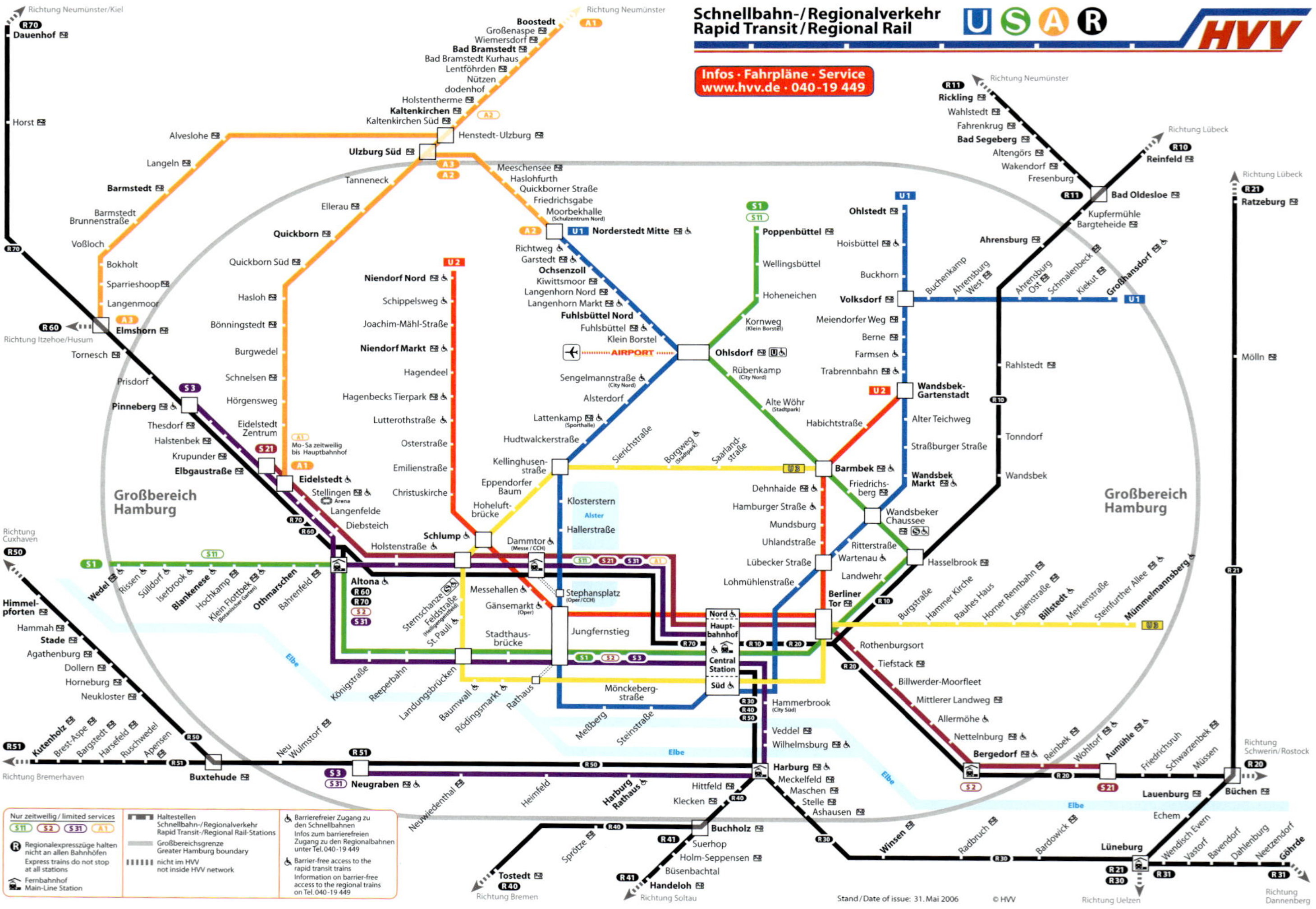

Neuer-Elbtunnel-Bohrkopf „Trude“ von 1975

SPORT

Schwimmbäder und Sauna: Die städtische Bäderland GmbH unterhält 26 Frei- und Hallenbäder im Stadtgebiet, viele davon mit Saunabereich, Fitness-Angeboten, Wellness- und Gesundheits-Workshops, Babyzonen, Riesenrutschen. Infos zu Standorten und Eintrittspreisen: Tel. 78883737, www. baederland.de.

Skaten: Im i-punkt-skateland drinnen und draußen auf 4500 m2 Rollfläche mit Halfpipe, Bowl u. a.; auch für BMX (Spaldingstraße 132, Tel. 234458, www.i-punktskateland.de; Mo.–Fr. 15.00

Tipp

Hamburg Card

Mit der Hamburg Card hat man freie Fahrt in allen öffentlichen Verkehrsmitteln im Großbereich. Darüber hinaus gibt es zum Teil stattliche Ermäßigungen zum Beispiel bei Stadtrundfahrten, Hafenrundfahrten und Alstertouren oder bei Besuchen in „Hagenbecks Tierpark“ oder im „Michel“. Auch viele Museen bieten ermäßigten oder freien Eintritt bei Vorlage dieser Karte. Sie ist bei jeder Tourist-Information, in Kundenbüros des HVV und vielen Hotels erhältlich: Einzelkarte (1 Erw. und bis 3 Kinder unter 12 Jahre: Tageskarte 8,00 €, 3-Tage-Karte 18,00 €, 5-Tage-Karte 33,00 €), Gruppenkarte (bis zu 5 Pers. beliebigen Alters: Tageskarte 11,80 €, 3-Tage-Karte 29,80 €, 5-Tage-Karte 51,00 €).

Geschichte

7. Jh. Siedlungen in der Nähe des heutigen Stadtzentrums.

832 Erste urkundliche Erwähnung der „Hammaburg“ (ham = altsächs. für Ufergelände, Marschland) als Missionsstation des Bischofs Ansgar. Trotz Wikinger- und Slawen-Überfällen entwickelte sich Hamburg, besaß um 1000 etwa 600 Einwohner.

1189 Ein gefälschter Freibrief Kaiser Friedrichs I. Barbarossa gewährte den Bürgern der Neustadt Handels- und Zollfreiheit.

1321 Beitritt zur Hanse, einem Zusammenschluss vor allem norddeutscher Handelsstädte, dem es besonders um Sicherung und Ausbau der Handelswege ging.

1529 Im Zuge der Reformation wurde Hamburg lutherisch. Wichtigster Vorkämpfer war Johannes Bugenhagen, später auch Luthers Beichtvater.

1558 Gründung der Börse.

1600 Glaubensflüchtlinge aus ganz Europa ließen die Einwohnerzahl auf 40 000 steigen. Die Entdeckung Amerikas und die neuen Handelsströme brachten Hamburg große Vorteile.

1618 Ausrufung zur „kaiserlich freyen Reichsstadt“.

1768 Die alten Konflikte mit Dänemark wurden beigelegt. Der Nachbar im Norden gab seine Ansprüche auf Hamburg auf.

1810 Hamburg wurde Napoleons französischem Kaiserreich einverleibt. Aufgrund der verhängten Kontinentalsperre brach das Wirtschaftsleben zusammen.

1815 Beitritt zum Deutschen Bund als „Freie und Hansestadt“ (1819).

1842 Der Große Brand zerstörte innerhalb von vier Tagen (5.–8. Mai) nahezu die gesamte Altstadt.

1880 Hamburg hatte 454 000 Einwohner.

1888 Zollanschluss an das Deutsche Reich. Schaffung des Freihafens mit der Speicherstadt für den Transithandel (seit 2003 ohne Speicherstadt).

1892 Erneute Cholera-Epidemie mit 8605 Toten aufgrund hygienisch mangelhafter Wohnbedingungen. Die Elendsviertel der Stadt wurden daraufhin abgerissen, die Menschen in Vororte umgesiedelt.

1894 Hamburg erhielt zu seinen Pferdebahnen eine elektrische Straßenbahn (1978 eingestellt).

1910 Hamburg wurde Millionenstadt, der Hafen drittgrößter der Welt nach London und New York.

1924 Die Norddeutsche Rundfunk AG nahm ihren Sendebetrieb auf.

1933 Nach Auflösung der Bürgerschaft durch die Nationalsozialisten unterstand Hamburg dem Reichsstatthalter Hofmann. In den Konzentrationslagern Neuengamme und Fuhlsbüttel starben im Verlauf der nächsten zwölf Jahre rund 55 000 Menschen.

1937 Das „Groß-Hamburg-Gesetz“ brachte die Eingemeindung der preußischen Städte Altona, Harburg, Wandsbek und weiterer Gemeinden. Dafür verlor Hamburg Cuxhaven. 1939 1,71 Mio. Einwohner.

1940–1945 Schwerste Luftangriffe zerstörten die Hälfte der Stadt sowie 80 % der Hafenanlagen und forderten rund 40 000 Tote. Im Mai 1945 zogen englische Truppen in die Stadt ein.

1952 Eine neue, bis heute gültige Verfassung trat am 1. Juli in Kraft.

1962 Bei einer schweren Flutkatastrophe starben in der Nacht 16./17. Februar 315 Menschen. Neue Flutschutzbauten entstanden und bewährten sich bei der Flut 1976.

1996 Hamburg wurde Sitz des Internationalen Seegerichtshofs.

2001 Die SPD wurde nach 44 Jahren als Regierungspartei abgelöst. Seit 2004 verfügt die CDU über die absolute Mehrheit in der Bürgerschaft.

2002 Inbetriebnahme des modernsten Containerterminals der Welt.

2007 Der Sparplan des Flugzeugbauers Airbus führte auch in Hamburg zu in der Öffentlichkeit stark beachteten Protesten in der Belegschaft.

bis 20.00, Sa., So. und in den Ferien 13.00 bis 20.00 Uhr. Große Wallanlagen (Planten un Blomen, Tel. 3193546; Mitte März–Mitte Nov. tgl. 10.00 bis 21.00 Uhr, Eintritt frei).

Eislaufen: Große Wallanlagen (Planten un Blomen), Tel. 3193546, Mitte Nov.–Mitte März tgl. 10.00–22.00 Uhr.

Klettern: Der Deutsche Alpenverein lässt mit mehreren Gebäuden, „Bergen" und Kletterpassagen den Berg rufen (DAV-Kletterzentrum, Dörnstraße 4, Lokstedt, Tel. 56056599, www.kletter zentrum-hamburg.de; Mo.–Fr. 10.00–23.00, Sa. und So. 10.00–22.00 Uhr. Anfängerkurse möglich).

STADTRUNDFAHRTEN UND -FLÜGE

Rundfahrten: Die Doppeldecker-Busse sind nicht zu übersehen. Alle Touren führen durch die Innenstadt, durch St. Pauli und am Hafen entlang, manche auch um die Außenalster (Dauer ca. 2 Std.). Einige Touren werden mit einer Hafenrundfahrt kombiniert. Fahrkarten für alle Fahrten sind direkt in den Bussen erhältlich, eine Anmeldung ist nicht notwendig (Abfahrtspunkte Kirchenallee vor dem Hauptbahnhof und an den St.-Pauli-Landungsbrücken zwischen den Brücken 1 bis 4 und an weiteren Haltepunkten; Info bei den Tourist-Informationen). Darüber hinaus werden Specials wie zum Beispiel eine „Szene Night Tour" oder eine besonders ausführliche „Gala-Tour" angeboten (Info: Tel. 6720384). Die Hummelbahn – eine Art Bimmelbahn auf Rädern – fährt von April bis Okt. (Info: Tel. 7928979).

Rundflüge: Ein Flug über Hamburg vermittelt völlig neue Ansichten. Sei es mit dem Hubschrauber (Info: Tel. 47193955), mit dem Ballon (Tel. 85372253) oder mit der berühmten JU-52 ab Hamburg-Flughafen (Tel. 50701717).

Rundgänge: Per pedes lässt sich eine Stadt am besten kennenlernen. Die Gästeführer der Tourismus-Zentrale bieten vielerlei thematische Stadtrundgänge an, die jeweils einen besonderen Aspekt Hamburgs beleuchten, so zum Beispiel die Kontorhäuser, Speicherstadt und HafenCity, Hamburgs Hauptkirchen oder St. Pauli und die Reeperbahn. Auskunft bei allen Tourist-Informationen.

„Zur Kur auf dem Kiez"? Die Kurverwaltung St. Pauli macht es möglich (Treffpunkt ohne Anmeldung U-Bahn-Station St. Pauli, Sa. 20.00 Uhr; Info: Tel. 31790747) und bietet „Kurgästen" diesen und weitere Rundgänge voller Informationen.

THEATERKASSEN

Eintrittskarten für fast alle Veranstaltungen gibt es auch über die Tourist-Information. Im Folgenden sind einige Theaterkassen in verschiedenen Stadtteilen aufgeführt: **Alsterhaus,** Jungfernstieg 16 (Innenstadt), Tel. 040/353555; **Collien Konzertkasse,** Eppendorfer Baum 25 (Eppendorf), Tel. 040/483390; **Kartenhaus,** Schanzenstraße 5 (Schanzenviertel), Tel. 040/433110; **Konzertkasse Gerdes,** Rothenbaumchaussee 77 (Rotherbaum), Tel. 040/453326; **Theaterkasse Central,** in der Landesbank-Galerie, Gerhart-Hauptmann-Platz 48 (Innenstadt), Tel. 040/337124. **Theater- und Konzertkasse Reckewell,** Elbe-Einkaufszentrum, Osdorfer Landstraße 131 (Osdorf/Westen), Tel. 040/ 801013.

IMPRESSUM

3. Auflage 2008 (aktualisiert und neu gestaltet)

Verlag: HB Verlag, Marco-Polo-Straße 1, 73760 Ostfildern, Postfach 3151, 73751 Ostfildern, Tel. 0711/4502-0, Fax 0711/4502-135, www.hb-verlag.de, info@bildatlas.de
Geschäftsführer: Dr. Thomas Brinkmann, Dr. Stephanie Mair-Huydts
Chefredaktion und Programmleitung: Rainer Eisenschmid, Birgit Borowski
Redaktion: Horst Keppler
Text: Cornelia Franz, Hamburg; Axel Pinck, Hamburg (Aktualisierung und Savoir Vivre)
Exklusiv-Fotografie: Mike Schröder, Hamburg
Titelbild: laif/Bialobrzeski
Zusätzliches Bildmaterial: Stage Entertainment, Hamburg (S. 79), HB Bildatlas Fotoservice/ Marczok (S. 102), StockFood/Teubner Foodfoto (S. 105), StockFood/K. Iden (S. 108 u.)
Grafische Konzeption, Art Direktion und Layout: fpm factor product münchen
HB Bildatlas Fotoservice: HB Verlag, Marco-Polo-Straße 1, 73760 Ostfildern, Tel. 0711/4502-266, Fax 0711/4502-1006, a.nebel@mairdumont.com

Für die Richtigkeit der in diesem HB Bildatlas angegebenen Daten – Adressen, Öffnungszeiten, Telefonnummern usw. – kann der Verlag keine Garantie übernehmen. Nachdruck, auch auszugsweise, nur mit vorheriger Genehmigung des Verlages. Erscheinungsweise: monatlich.

Anzeigenvermarktung: MAIRDUMONT MEDIA, Tel. 0711/4502333, Fax 0711/45021012, media@mairdumont.com, http://media.mairdumont.com
Vertrieb Zeitschriftenhandel: PARTNER Medienservices GmbH, Postfach 810420, 70521 Stuttgart, Tel. 0711/7252-227, Fax 0711/7252-310
Vertrieb Abonnement: Zenit Pressevertrieb GmbH, Postfach 810640, 70523 Stuttgart, Tel. 0711/7252-265, Fax 0711/7252-333, hbverlag@zenit-presse.de
Vertrieb Buchhandel und Einzelhefte: MAIRDUMONT GmbH & Co KG, Marco-Polo-Straße 1, 73760 Ostfildern, Tel. 0711/4502-0, Fax 0711/4502-340
Reproduktionen: Otterbach Medien KG GmbH & Co., Rastatt
Druck und buchbinderische Verarbeitung: Neef + Stumme GmbH & Co. KG, Wittingen.
Printed in Germany

Überall im Pressefachhandel, Buchhandel und Bahnhofsbuchhandel erhältlich oder zu bestellen unter Telefon 0711/4502-0, Fax 0711/4502-340

ZEICHENERKLÄRUNG

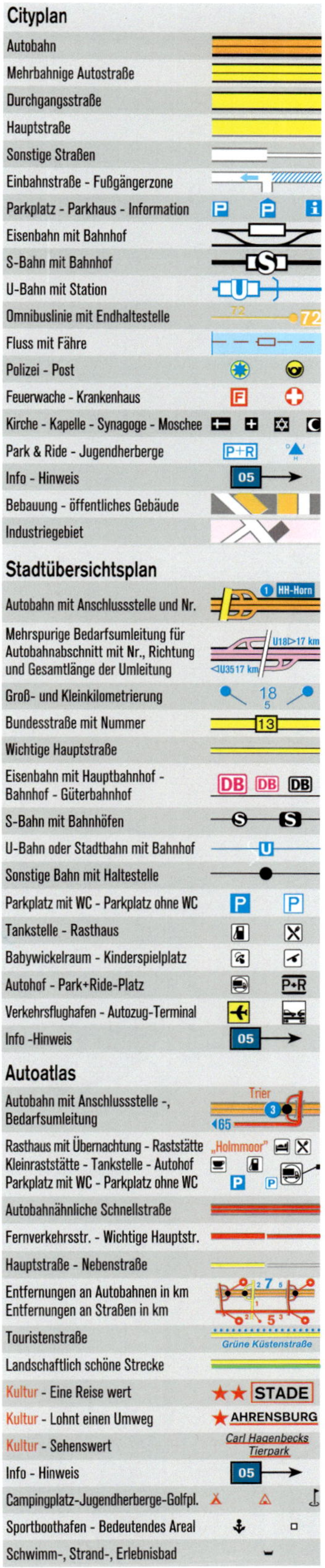